# 民俗影视记录手册

A Handbook for Video-Documenting Folklore

张举文 莎伦·谢尔曼 主编

编委（以姓氏拼音为序）：

陈建宪 邓启耀 孙正国

王光艳 莎伦·谢尔曼

熊 迅 张举文

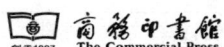

2018年·北京

图书在版编目（CIP）数据

**民俗影视记录手册** / 张举文等主编. —北京：商务印书馆，2018
ISBN 978-7-100-16437-5

Ⅰ. ①民… Ⅱ. ①张 Ⅲ. ①民俗学—纪录片—拍摄—手册 Ⅳ. ① K890-62 ② J952-62

中国版本图书馆 CIP 数据核字（2018）第 175317 号

**权利保留，侵权必究。**

民俗影视记录手册
张举文　莎伦·谢尔曼　主编

商 务 印 书 馆 出 版
（北京王府井大街36号　邮政编码100710）
商 务 印 书 馆 发 行
北京市艺辉印刷有限公司印刷
ISBN 978 - 7 - 100 - 16437 - 5

2018年12月第1版　　　开本 850×1168　1/32
2018年12月北京第1次印刷　印张 6 7/8

定价：22.00 元

# 前　言

《民俗影视记录手册》（以下简称《手册》）是为了那些对民俗传统有兴趣，并愿意或需要进行影视记录的学生、学者或爱好者们而编写的。其目的是有效地提示：如何在从设计到现场拍摄、从后期编辑到成片的使用保管、从实践经验到伦理道德，乃至实用"清单"等多方面做好准备，最终制作出有价值的民俗纪录片。在每个阶段，不仅有技术常识和经验之谈，而且包括不同理论视角的探讨，将应用与学科理论有机结合起来。

目前，虽然民俗学和人类学等从事实地调查和记录的学科都开设有田野作业的课程，但似乎还没有一部影视记录指导手册。常常是，每个人都使用摄像机或摄影机做过不少民俗记录，但是回头再看时，除了知道有过那样的经历外，这些记录似乎都没有什么档案资料或纪录片价值：画面质量太差、镜头不完整、声音不完整或不清晰、事件的关键部分没有记录、缺少背景画面，等等。甚至，所拍摄的内容没有得到当事人的许可，如果使用，会造成法律或伦理问题。换句话说，在"人人使用录音录像设备"进行田野作业的今天，利用影视技术对民俗文化记录已经成为民俗学者和其他文化研究学者的常态工作方法；将影视记录与文字记录有机地结合起来是民俗学者必备的技能。将影视记录作为民俗研究的新常态，将民俗影视从概念转化为日常实践，现在是时候了。因此，一本系统和完整的实用手册是必要的。

本《手册》的编辑遵循了这样几个原则：

（1）民俗记录包括两个相得益彰、缺一不可的方面：影视记录与文字记录。

（2）影视记录民俗的过程本身也记录着拍摄者和被拍摄者之间的互动，以及由此而对所记录的传统带来的影响。一部民俗纪录片可能会给该民俗及其实践者带来意想不到的结果，同时，也反映出记录者与被记录者在意识形态、价值观、伦理观，以及艺术创造力等多方面的异同。

（3）民俗记录是为了更好地理解和研究人类文化的创造、发展、传播和演变的进程和机制；对某项民俗传统的记录绝不是将其"固化"，为其贴上"权威"或"标准"等标签，也不是将其"遗产化"。

（4）民俗事件是活态的，不是静态的；是多样和可变的，不是单一和不变的。因此，民俗影视记录突出的是"一人、一事、一时、一地"。一部民俗纪录片就是利用画面讲述一个民俗传统在特定时空的传承进程中的一个故事。

（5）记录一个民俗事项，特别是那些正在消失的民俗传统，是为了有助于它在多元文化中发展延续，或是未来的复兴，因此，一部民俗纪录片必须有完整的事件或故事，有完整的语境资料。

（6）民俗（或民俗传统）是"民"与"俗"的共同体。一部民俗纪录片必须处理好两者的关系，可以有所侧重，但不能将两者隔离对待。

为此，《手册》在每个阶段提醒如何使用镜头与视角、景深与景别等影视技巧来处理好"主题"与"背景"、"文本"与"语境"、"阐释"与"描述"等关系。例如，利用景深和景别的变化所体现出的不只是画面的视觉效果，更重要的是拍摄者的观点与价值观。再如，对某一民俗传统的记录，如果没有了解其核心符号，就无法拍摄到最有价值的镜头。即使有的影视记录将一次民俗活动从头到尾地拍摄下来，但如果不了解该民俗的核心符号（可能是特定时空下的一个动作、一个眼神、一个词语、一个物件等），在需要记录这些核心符号时却将镜头聚焦于其他不重要的场面，那么，这就不是"完整"的有价值的记录。

本《手册》的一个突出点是在每个阶段对伦理问题的特别强调，并通过附录介绍美国和日本民俗学会和人类学会的伦理规则。伦理问题也是目前进行"田野"工作的各个学科都面临的问题：如何处理好记录者与被记录者的感情关系，如何处理好保存的资料与公开展演的作品的经济和法律问题，如何处理好实践者的实践权力与法定传承人的权益关系，如何处理好相关法律与地方习俗的关系，等等。本《手册》通过强调和讨论这些问题来帮助实践者在各方面做好准备，从而完成通过影视记录民俗传统的目的。

此外，《手册》在强调记录下有价值的内容的同时，也反复说明影视记录的使用目的等问题。例如，作为影视记录者，在项目的设计、拍摄和剪辑阶段都必须清楚地知道所拍摄的影视资料一般有三个目的：积累档案资料，用于教学或科研，以及为了多元文化理解而通过公众媒体进行展示传播。

本《手册》的编写初衷是为了举办首届"民俗影视记录

工作坊"准备一部完整的教学手册。2014年5月28日至6月6日，第一届工作坊在华中师范大学黄永林副校长和陈建宪教授的支持与指导下，由孙正国教授具体安排执行。正式参加第一届工作坊的学员有来自7所院校的9位博士或博士研究生，还有华中师范大学文学院一些民俗学硕士研究生。工作坊期间，除了从早到晚的讲座、观摩和讨论外，讲员和学员也分组记录了四地的端午节庆祝（湖北宜昌和黄石、湖南汨罗、江苏苏州），作为影视记录实践作业。受到第一期的成功的鼓舞，2015年12月14日至2016年1月2日，第二届工作坊又在华中师范大学举办，以圣诞节为练习主题。前期的一周大家在理论和实践上有了初步的系统了解，后期，一部分学员到美国俄勒冈州塞勒姆市（Salem, Oregon）继续进行两周的理论讨论与实践，另一部分留在武汉继续实习。期间，人类学家秦红增就民族志的写作做了专题报告，独立制片人谭勇分享了自己拍摄纪录片的体会，正在美国访学的人类学家和民俗学家周星教授讲述了影视记录与公共民俗和传统的表现关系，在美国工作的人类学家张霞也与学员座谈了人类学与民俗学有关问题。两届工作坊的一些经验教训和事例分析也被融入了本《手册》中。

尽管编写本《手册》的想法在举办工作坊之前便有了，也在邀请讲员时考虑到如何利用集体智慧来完成这样一个实用手册，而实际结果比预期的要好得多。这两次工作坊有幸达到最佳讲员组合：代表美国民俗学界对影视有多年研究与实践的俄勒冈大学的莎伦·谢尔曼（Sharon Sherman）教授，通过实例讨论民俗学与各种影视作品的关系问题；代表中国民俗学界有理论有实践的华中师范大学的陈建宪教授，以经验和理论讲解如何通过脚本与剪辑来完成影视的民俗叙事；代表视觉人类学理论与实践的中山大学的邓启耀教授和熊迅教授，从理论与实践方法上对民俗影视记录做出概括与导向，强调如何侧重拍摄者的学科视角问题；代表电视台纪录片制作的武汉电视台的制片人和导演王光艳先生，结合丰富的拍片经验和理论知识帮助学员顺利解决各个阶段的"技术"问题。作为工作坊的协调者，孙正国不断提醒学员注意民俗学与其他学科交叉和定位问题，张举文则突出强调在记录民俗的各个阶段中要注意的伦理问题以及学科视角等问题。这个组合极好地融合了不同视角对民俗记录的理论与方法差异，丰富了《手册》的广度与深度。本《手册》便是这两届工作坊的经验概括。

《民俗影视记录手册》的完成也是我个人十多年来一个心愿的了结。2005年我在发表《影视民俗与中国文化认同》（中文译文载《温州大学学报》2011年第2期）一文后，开始关注国内民俗与影视研究的问题。在辨析了"民俗影视"与"影视民俗"和译介莎伦·谢尔曼的《聚焦：电影与21世纪民俗研究的生存》（《民间文化论坛》2005年第6期）之后，我邀请谢尔曼参加了2006年在武汉由华中师范大学举办的"民间文化论坛"会议。随后，又有了介绍谢尔曼的《记录我们自己》和举办以影视记录民俗的工作坊的想法，并写了《迈向民俗学的影视与民俗研究》（《民俗研究》2007年第1期）一文。2011年，谢尔曼的专著中文译本在黄永林的关照下由华中师范大学出版社出版。作为代译序，我将上文标题改为《记录民俗是民俗学研究的前提》，以示强调。随后，美国民俗学会与中国民俗学会的一个合作项目得到了路思基金会的资助。作为该项目的一个子项目，由我负责分别在中国和美国举办两届以学科建设和培养人才为目标的民俗影视记录工作坊。如上所述，两届工作坊（2014，2015）如期完成了，并收获了这本《手册》。

经过两届工作坊的实践，《手册》内容得到检验和充实，超越了学科与学派之阈限，凝聚了多学科多视角的观点与方法，实属跨学科的集体成果。尽管如此，本《手册》一定还有很多不足之处，希望得到使用者的批评指正，以期再版改善。

张举文
2017年12月

# 目 录

**第一篇 准备** ·················································· 1

## 第1章 设备 ·················································· 2
### 1.1 拍摄设备 ·················································· 2
### 1.2 辅助设备 ·················································· 4
### 1.3 器材维护 ·················································· 7

## 第2章 技术 ·················································· 10
### 2.1 构图原理 ·················································· 10
### 2.2 外景摄像 ·················································· 18
### 2.3 经营画面 ·················································· 31
### 2.4 音声录制 ·················································· 38
### 2.5 文字记录 ·················································· 41
### 2.6 编辑软件 ·················································· 43

## 第3章 学科知识 ·················································· 45
### 3.1 民俗的影视记录与民俗影视作品 ·················································· 45
### 3.2 其他专题纪录片 ·················································· 54

## 第4章 专题项目的设计 ·················································· 62
### 4.1 整体构思 ·················································· 62

4.2 具体步骤 ································································ 64

## 第5章 影视叙事中的事件与人物 ·································· 66
5.1 叙事是影视记录的基础 ········································ 67
5.2 影视叙事原则 ···················································· 69
5.3 影视叙事手段 ···················································· 71
5.4 影视叙事视角 ···················································· 72
5.5 影视叙事结构 ···················································· 75
5.6 突出人物的记录与突出叙事的记录 ·························· 77

## 第6章 伦理准备 ······················································ 79
6.1 基本原则 ·························································· 79
6.2 基本问题 ·························································· 80
6.3 基本准备 ·························································· 82

## 第7章 清单（出发前） ·············································· 86
7.1 拍摄设备 ·························································· 86
7.2 拍摄任务 ·························································· 87
7.3 进入现场 ·························································· 88
7.4 行程与行囊 ······················································· 88

# 第二篇 拍摄与记录现场 ················································ 91

## 第8章 遵守计划与灵活应对 ········································ 92
8.1 技术运用 ·························································· 92
8.2 人际关系 ·························································· 94
8.3 学会提问 ·························································· 95
8.4 环境条件 ·························································· 96

## 第9章 寻找最佳视角与记录核心符号 ·········· 99
- 9.1 最佳拍摄视角 ·········· 99
- 9.2 民俗事项的核心符号 ·········· 103
- 9.3 求真求善的信念 ·········· 106

## 第10章 保持明确的角色 ·········· 108
- 10.1 做冷静的观察者和记录者 ·········· 108
- 10.2 做合情合理的"我" ·········· 109
- 10.3 做平等的朋友 ·········· 110
- 10.4 做有正义感有道德观的学者 ·········· 111
- 10.5 做有职业敏感的民俗影视人 ·········· 111

## 第11章 生活安排 ·········· 113
- 11.1 制订生活计划 ·········· 113
- 11.2 案例:野外考察生活用品 ·········· 114

## 第12章 伦理实践 ·········· 116

## 第13章 清单(现场期间) ·········· 118
- 13.1 器材保管 ·········· 118
- 13.2 素材保管 ·········· 119
- 13.3 文字记录 ·········· 119
- 13.4 日志与反思 ·········· 120

# 第三篇 拍摄与记录之后 ·········· 123

## 第14章 素材的分类与建档 ·········· 124
- 14.1 目的与原则 ·········· 124

14.2　方法与步骤……………………………………125

第15章　准备编辑……………………………………………128
　　15.1　从原始素材到可编辑素材……………………129
　　15.2　审视和反思初衷………………………………129
　　15.3　熟悉素材………………………………………131
　　15.4　编写脚本………………………………………132

第16章　重返现场的可能性与必要性………………………134

第17章　编辑软件的应用……………………………………137
　　17.1　基本剪辑规律…………………………………137
　　17.2　配音与配乐……………………………………139
　　17.3　编辑修改与致谢………………………………140
　　17.4　编辑软件的选择………………………………140

第18章　伦理反思……………………………………………143

第19章　清单（剪辑评估）…………………………………146


**第四篇　从样片到成品**………………………………………149

第20章　从可编辑素材到不同目的的样片…………………150

第21章　对样片的审视与修改………………………………151

第22章　成品的档案分类与保管……………………………153

第23章　成品的用途与公共展示……………………………155

第24章　伦理维护……………………………………………157

**第五篇　附录** ……………………………………………… 161

　附录一　相关民俗学与人类学的伦理规则 …………… 162

　　（一）美国民俗学会的伦理准则 ………………… 163

　　（二）日本民俗学会伦理纲要 …………………… 166

　　（三）美国人类学会伦理法典 …………………… 174

　　（四）日本文化人类学会伦理纲领 ……………… 183

　　（五）联合国教科文组织《保护非物质文化
　　　　　遗产的伦理原则》 ……………………………… 186

　附录二　民俗搜集与拍摄记录中的访谈技巧举例 …… 189

　附录三　征求拍摄授权信的样板 ……………………… 197

**参考文献** ……………………………………………………… 199

**编后记** ………………………………………………………… 203

# 第一篇 准 备

核心提示

以影视记录民俗的目的是：尊重并保护人类多元文化传统；记录民俗自身的传承状态；以求真求善之信念，摒弃私利，在实践中感受传统、体验生活、升华自我。

为此，要在三个同样重要的方面做准备：

（1）影视记录技术：掌握设备的选择、准备、使用与维护；熟练拍摄和编辑技能；

（2）学科知识：视民俗影视记录为交叉实践学科，充分了解相关学科理论，并运用于民俗影视作品的完成；

（3）伦理：尊重记录对象的生活习惯，入乡随俗，践行职业和学科伦理，维系基本道德和价值观。

"工欲善其事，必先利其器"，为了完成以影视记录民俗之"事"，必须要准备好这些"器"：拍摄影片所需设备之有形硬"器"、拍摄技术与学科知识之无形软"器"、对拍摄内容有至深理解并做到求真求善的记录与展示之巧"器"，以及作为人记录和研究人之（伦）理"器"。

# 第 1 章 设 备

"凡事预则立,不预则废",民俗影视记录更需要"预",这与民俗影视的特点有关。民俗影视记录涉及民俗学、影视学等多个学科,尤其涉及大量的影视技术的实际操作,是跨学科的产物。"今天的一个跨学科的趋势或学科交叉的规律,决定了影视记录不可能是简单的相加。因为它不是简单的拿录音机、摄像机下去录,而是要系统地接受影视传播学的方法。"(熊迅、张举文、孙正国 2016)要基于"严谨、科学、客观"的原则,充分地、认真地、有重点地做好前期准备工作。每次拍摄能否成功,极大程度上取决于之前的准备。

## 1.1 拍摄设备

摄像机是进行民俗影视记录的必不可少的设备。摄像机的好坏直接决定着成像的质量。为此,有必要先了解摄像机的分类,再根据自身的需要进行挑选。

需要强调的是:(1)这里所论及的设备不是针对"专业级"的最新设备,而是针对民俗爱好者和学者的实践情况;(2)无论使用什么设备,对一个项目来说,要保持视频和音频格式的统一,这对后期编辑至关重要。

根据不同的分类标准，摄像机可分几个不同的类型。从功能应用上分，有广播级、业务级、家用级三个级别。从画幅分辨率方面分类，可分标清与高清两个类型。标清格式就是拍摄的画面格式为分辨率"720*576"；高清格式为分辨率"1920*1080"。注意，高清、标清只是一个画幅，是两个不同的标准，并不代表画面质量。所谓"高清记录"不是指摄像机的质量。可参考下表：

**摄像机的类型及功用表**

| | 广播级 | | | 业务级 | | 家用级 |
|---|---|---|---|---|---|---|
| 用途 | 用于广播电视播出，也就是电视台制作节目 | | | 用于企业、个人新闻、活动记录 | | 家用录像，记录拍摄用 |
| 要求 | 1. 3片儿2/3片儿CCD；2. 画面分辨率最少750线；3. 低照度最少要0.3以下 | | | 1. 小高清目前主要有3片儿1/3CMOS、3片儿1/2CMOS两个类型；2. 手动和自动两种模式 | | 1. CMOS芯片小于1/3，镜头小型化，光学变焦能力小，数字变焦强大；2. 防抖能力强大，基本全自动操作 |
| 亚类型 | 新闻专题类摄像机 | 电视剧类摄像机 | 数字电影摄像机 | 小高清摄像机 | 小高清记录摄像机 | — |
| 例子 | DVCPRO650DVCPRO913 | 索尼DVW790、HDW750 | 索尼F35、艾尔莎、REDONE、佳能5D2等 | 索尼EX1R、Z5C、AX2000E等 | SONY1500C、松下43、73等 | 松下HDR-XR260 |
| 价格（人民币） | 10多万 | 20多万 | 30多万到70多万不等 | 1万到几万 | 1万到几万 | 几千到1万 |

续表

| 广播级 | | 业务级 | 家用级 |
|---|---|---|---|
| 备注 | 目前电视台的主流机型，《新闻联播》、《焦点访谈》等广泛采用 | 对画面曝光、颜色控制有更高要求。一般需要进行菜单设置，例如"色相矩阵"类的 | 用于数字电影、微电影拍摄。通常都是35mm CMOS片儿，就是全画幅 | 主要是DVD光盘或网络播出。对画面拍摄指标要求不高。 | 主要是1/4片摄像机，从拍摄能力看，不可能达到1080i，但记录格式为1920*1080 |

民俗影视记录者在选购摄像设备时还要综合考虑，既要追求完善的功能，又要便于携带；既要计较价格，又要根据项目的实际需要来挑选合适的机器。

## 1.2 辅助设备

除了摄像机外，一些辅助设备也必不可少。结合目前的状况，拍摄视频主要有两种设备，一种是用摄像机拍摄，另一种是用可拍摄高清视频的摄影机（照相机）。参考下表：

**摄像辅助设备一览表**

| 主机 | 辅助设备 | 备注 |
|---|---|---|
| 摄影机（照相机；5D2等） | 1. 手持稳定器；<br>2. 摇臂和轨道；<br>3. 跟焦器；<br>4. 三脚架；<br>5. 专用防抖镜头；<br>6. 话筒；<br>7. 录音机 | |

续表

| 主机 | 辅助设备 | 备注 |
|---|---|---|
| 摄像机 | 1. 三脚架；<br>2. 独脚架；<br>3. 摇臂；<br>4. 滑轨；<br>5. 灯光；<br>6. 录音设备；<br>7. 话筒 | 必要时候，可增加遮光斗、跟焦器等 |

辅助设备的选择非常重要，可征求专业人士的意见和建议。这里仅就脚架、话筒提出一些最基本的选择方法，也可作为选择其他设备的参数。

一、脚架

选三脚架主要参考三个因素。（1）拍摄机器的情况。应根据机型和镜头的重量，考虑二者之间的匹配度，也要考虑品牌、脚架不升中轴高度、脚架的稳定性、云台种类、脚架收缩长度、脚架重量及携带性等。（2）拍摄题材。围绕这个方面，着重考虑工作环境的因素，比如拍摄地势环境是否恶劣，是否有特殊要求。（3）在投入资金允许的情况下，可选择质量较高的脚架。

二、话筒

话筒是拍摄过程中非常重要的设备，分多种类型。按其结构不同，一般分为动圈话筒、履带话筒和电容话筒等数种，其中前两种最常用。可参考下表做选择。

| | 原 理 | 优 点 | 不 足 |
|---|---|---|---|
| 动圈话筒 | 通过振膜感应声波造成的空气压力变化，带动置于磁场中的线圈切割磁力线产生与声压强度变化相应的微弱电流信号 | 噪音低，无须馈送电源，使用简便，性能稳定可靠 | 灵敏度不高，音频响应不足，音色不够细腻 |
| 履带话筒（也称铝带话筒） | 履带话筒的工作原理是在两块磁铁中间有一条固定的履带状的非常薄的铝箔，当声音通过介质带动这条铝箔震动时，铝箔切割磁感线产生电流，从而记录声音 | 声音复古温暖，瞬态相应快速准确 | 娇贵易坏 |
| 电容话筒 | 电容话筒的核心是一个电容传感器。电容的两极被窄空气隙隔开，空气隙就形成电容器的介质。在电容的两极间加上电压时，声振动引起电容变化，电路中电流也产生变化，将这信号放大输出，得到质量相当好的音频信号 | 振膜薄，话筒灵敏性非常好 | 对环境要求很高，容易损坏 |

根据话筒的声音捕捉模式，可以分为以下几类。最常用的是单指向性话筒，根据指向的特性分为三种。心型指向对来自前方的声音最为敏感，其他方向的声音会被减弱，多数舞台麦克风属于心形指向；超心型指向话筒把侧向的声音减得更弱，并在反方向有一定灵敏度；枪型指向话筒俗称"枪麦"，最佳收音角度为正前方的小范围圆锥形区域，其较好的指向性使得麦克风能有效减少周边的环境噪音，因此适合户外收音和外景拍摄的需要。

据此，结合具体使用环境做出选择。例如：

（1）录制环境声音和安静环境的人声时都可用动圈话筒；

（2）外出采访和同期声录制多用电容话筒；

（3）录音棚和演播厅要用质量高的履带话筒；

（4）室内拍摄可用双向话筒；

（5）全向话筒适合收集环境声音和人群声音；

（6）枪式话筒适合声源控制；

（7）如果只有一支话筒，心形话筒是最为可能的选择。

在使用话筒的时候，我们要注意以下事项：（1）注意活动半径；（2）户外采集需要检查声音质量；（3）协调话筒位置和摄影构图。

当然，在外采访，经常会用到吊杆话筒，吊杆话筒控制最灵活，占用空间小，但是，也需要注意：（1）控制话筒方向，对准嘴与喉头中间；（2）控制行走路线和景别，不要入画；（3）注意话筒阴影。

另外，要监视话筒的音量电平。

专业用录音话筒，声音一般保持在$-3dB$到$0dB$的范围之内。声音超过$0dB$，音量会"爆掉"。声音小于$-3dB$，声音会过小，后期放大时会增加电流声。一般认为，在声音不爆掉的情况下，尽量大一些。多路声音需要注意各个声道之间的平衡。如果是需要记录特别的音声，应尽量单独录制，不要混录。

## 1.3 器材维护

民俗影视记录所用的器材很多，要把维护器材培养成一种习惯，使每件设备都随时可用。有关每件设备和细节可参见设备的维护说明等资料,也可利用本篇的"清单"。这里只简单介绍一下数字摄像机、照相机和三脚架的日常维护。

一、数字摄像机和摄影机(照相机)的日常保养和维护

首先要注意清洁维护。数字摄像机和摄影机在各种气象、温湿度、空气条件中使用,会出现机身表面积灰、镜头生霉斑、寻像器物镜变脏、受潮锈蚀等现象。清洁分摄像机外部和内部两部分进行:(1)外部清洁,主要指机身和镜头表面。在镜头与机身连接处的重要积灰,应先用毛刷反复粗擦,去掉大量的灰尘,再用软布轻轻擦拭干净。必要的时候,可用皮球(即吹尘球、吹气球)吹干净。镜头的清洁,一般只能用干净的麂皮和专用清洁液清洁(切不可用酒精等化学品)进行;(2)内部清洁。数字摄像机身密封相对较好,但其录像部分的带仓却仍然是开放的,磁带(或光盘)的进出,或多或少地会带入一些杂物,由此引发故障。有问题时要及时处理。

另外,要注意镜头的维护与保养。镜头的光学部分通常是由多组多片的光学玻璃组成的,通常能触到的是最前面的一个镜片。用于它直接暴露在外,很容易粘上灰尘、水渍、手印等而受到伤害,影响成像质量。要注意:(1)使用和保护好镜头盖;(2)切勿受潮,要有防雨措施,如有水珠或湿痕,要擦拭干净并风干;(3)安装镜头时,要使定位销对准确,否则就有可能损坏卡口或碰伤后面的镜片。当镜头变焦控制开关置于M(手动)时,才能用手转动光圈或变焦手柄;当其位于A(自动)时,不能用手转动光圈或变焦手柄;(4)使用正确的清洁方法:先吹,再刷,最后才擦,尽量减少会使镜头受

损的步骤；（5）安装UV滤镜，不但可用来过滤光谱中的紫外线使影像更清晰，也可以避免外界对镜头的直接伤害。

二、三脚架的使用和保养

在民俗影视记录的过程中，三脚架是确保拍摄质量的重要工具。除非是在运动中或特殊情况下拍摄，只要有可能，尽量使用三脚架（或独脚架）。要注意：科学使用，本着"先粗后细"的脚管下放原则来拉伸支脚。在安装和卸下摄像机或照相机时，应先将三脚架降低到合适的高度，然后，轻轻拧松螺丝，装卸机器。在使用的过程中，要特别注意云台部分不要进水或进沙，同时，要确保它运行平滑。有些扳扣和旋钮比较脆弱，要注意。

此外，要保证充电器正常可用。准备足够的备用电池。使用电池时注意正负极不能颠倒，也不要把不同牌号和不同电压以及新旧电池混合使用。长期不用时，最好将电池取出。还要保证灯光等器材正常可用。

# 第 2 章 技术

使用摄像机（或照相机）的技术，包括利用话筒和脚架等附属设备的技术能力，从表面来说，体现在所拍摄记录的画面和声音质量上，从整体拍摄水平来说，也含有拍摄者的价值观与伦理观，以及对知识素养与专题知识的掌握，也就是"硬、软、巧"三方面的技术结合。本章从构图原理、外景拍摄、如何获得好画面、如果录音、如何进行文字记录，以及如何使用编辑软件几个方面做一概述。

要注意这些关键概念：三分律，地平线，主视线，主图线，平衡，画中画。此外，要关注以下基本原则：始终思考"为何如此"（so what?）的问题；考虑到结构与受众的关系；前期计划决定所拍摄内容与内容结构；考虑到事件进程与冲突解决并列的互动过程；拍摄前要对所拍摄场地有所了解（即"踩点"），检查所有设备（备用电池、录音话筒等）；考虑到有计划的和即兴的采访；提前到达拍摄现场；携带笔记本，随时做文字记录。

## 2.1 构图原理

拍摄的目的是为了将现实生活中的事物或事件经过拍摄后

转化为人们可认同或欣赏的画面，从内容和审美两方面达到预期目标。拍摄时的构图至关重要，当然，在利用一定的拍摄技巧将所拍的事物拍摄完成后，还可以经过对各种元素进行合理的布局和安排，通过编辑达到最终目的。

一、构图的目的

构图是画面上位置的经营与安排。构图就是视觉表现的语法，可以把作者的意图正确地传达给观者。构图的目的是使主题思想取得具体而完美的形象结构。"构图的过程是主题思想形象化的过程，不仅不同的主题内容需有不同的表现形式，即使相同的主题内容也应采取不同的表现手法。"（李思维、咸彦平1993：84）为此，构图时要注意：

（1）鲜明揭示思想；

（2）突出表现主体；

（3）处理好主体、陪体和环境的关系。

值得提出的是，静止画面的拍摄相对容易一些，但运动中也必须要注意构图。同时，根据稿本中的要求，结合现场环境，灵活机动进行画面摄制。

二、构图的分类

影视构图分类的方法很多，一般按照摄像机与被摄主体之间的动静变化，以及拍摄后画面的结构，可以分为静态构图和动态构图两大类。静态构图：造型因素和结构无变化的构图（固定机位+静态物体）；动态构图：造型因素和结构发生变化的构图（被摄对象的运动+摄像机运动）。此外，还有不规则构图：常用于纪实风格的纪录片，在影视画面中的承上启下或者流畅性来表现主体对象；不完整构图：使影视画面用分别的、局部的造型来表现完整的形象。

**构图分类及特点一览表**

|  | 静态构图 | 动态构图 |
| --- | --- | --- |
| 画面感觉 | 平静、稳定 | 运动 |
| 构图组合变化 | 不变 | 变动 |
| 画面 | 单构图 | 多构图 |

构图的类型不同，所产生的效果也不一致。影像构图的因素很多，根据摄像机与被摄主体之间的动静变化，主要分成四种情况：

（1）摄像机、被摄主体都固定不动，这样拍摄出来的就是典型的静态画面；

（2）摄像机固定不动，被摄主体运动，拍摄出来的是动态画面；

（3）被摄主体不动，摄像机动，拍摄出来的是动态画面；

（4）摄像机和被摄主体都动，拍摄出来的是动态画面。

可见，在影视拍摄过程中，画面的构图在相当多的情况下需要着重考虑动态构图的问题。尤其要注意两种运动情况的应用：

被摄对象运动：1.注意给动作姿态的变化留出空间；
　　　　　　　2.区分主要位置和次要位置。

摄像机运动：1.找出主要对象作为起幅和落幅；
　　　　　　2.保持画面上兴奋点的位置；

3.一般运动的方式：推、拉、摇、移、跟、变焦、综合运动。

被摄对象和摄像机都运动：1.确保被摄主体在画面中的位置；2.注意两者之间运动轨迹的配合。

### 三、画面的结构

尽管影视画面是运动的，但是，在画面的结构处理中，它同画画的要求几乎一致，那就是必须处理好主体、陪体、前景、背景、空白等关系。同时，还应当考虑镜头运动和主体运动所产生的意义，特别是蒙太奇效应。基本要求是：

（1）主次分明；
（2）明暗相间；
（3）注重空间分布；
（4）注重颜色分布；
（5）注意运动趋势，适当预留空间。

主体：黄金分割法、对角线构图、V字构图。

图1　黄金分割法构图

图2　对角线构图

图3　V字构图

陪体：不能喧宾夺主、陪体线条结构与主体有呼应。

前景：出现于画面的上下左右边框部位，作用是产生立体感、空间感。在拍摄的过程中，要适度注意画面的完整。

背景：标明地理环境。

空白：例如天空、地面、水面、沙漠、森林、草地、墙壁等，其作用是产生意境、联想等。（参见图4）

**图4　随拍归元寺大殿**

四、构图的因素

构图三大要素：简洁、明了、紧密。

构图的基本原则：均衡与对称、对比和视点。

如图5所示，尤其要注意线条的运用。

对线条的把握：

（1）水平线具有和平、宁静和放松的感觉。

（2）垂直线表示高度、动能和力量，能增强威严感和崇高感。

（3）斜线能表现动感、力量和方向，容易令人激动。

图5　构图一

（4）曲线表现优雅、美丽和可爱，是一种轻松愉快的线条，人的眼睛很容易追随这种线条。

影调：景物的明暗层次。

光线：突出主体、制造气氛、增强立体感。

色彩：注意色彩的对比，如：深与浅，冷与暖，明与暗，黑与白。

五、构图的均衡与和谐

构图的均衡：动与静的均衡、明与暗的均衡、面积大小均衡、物质轻重的均衡、投影的均衡。（参见图6）

图6　构图二

构图的和谐：以画面中的人物（特别是采访中）处于画面的位置为例，参见图7，注意尽可能保持物体的水平与平直。

图7　构图三

## 六、景别与景深

景别包括：远景、全景、中景、近景、特写。

图8　景别

景深指前一景物与后一景物之间所具有的可接受清晰度的距离范围。

在操作技术上，有这样几个因素：光圈的大小（光圈大景深范围小），焦距的长短（焦距短景深大），物距的远近（物距远景深范围大）。

图9　景深

## 2.2　外景摄像

民俗影视记录是一件实践性非常强的专业工作。田野作业是民俗记录和研究的必修课程。由于影视记录技术的介入，它不仅可以辅助野外考察，同时，影视记录本身也成为研究的课题，扩延了我们对民俗的认知。

民俗影视记录所涉及的外景并不仅仅指野外考察，也包括在适当场所内的民俗展演，甚至包括完全在室内进行的民俗活动。因此，这里的外景摄像远不是我们平常所说的与室内摄像相对应的外景摄像的概念。

一、外景考察

选择好了外景地，摄像者应提前安排时间，对外景地的环境进行考察，考察的内容应当尽量全面、详细，在考察的同时就应当考虑拍摄的事宜。必要的时候，应当带上照相机，将主要景点拍摄下来，便于回来后制订拍摄计划的时候作为参考。

外景考察要着重注意几个方面：

（1）地形地貌以及典型景观；

（2）民俗发生地场景以及周围环境；

（3）民俗活动的时间、地点、人物、主要环节、着重的细节以及民俗的象征性；

（4）民俗活动运行路径，沿途可以架设机位的地方，可以拍摄到什么画面；

（5）民俗活动主持人、参与者、参观者；

（6）民俗活动对当地生活的深度介入；

（7）了解一天中最佳光线或最合适拍摄时间和机位，考虑到水岸、草地、雪地等特殊场合；

（8）其他。

二、拍摄计划的制订

结合外景考察的情况，制订一份详细的拍摄计划，作为一个可以执行的文本。制订拍摄计划的基本原则是：

（1）符合民俗学研究的需要；

（2）责任分工明确；

（3）尽量详细。

拍摄计划分为几个方面：

（1）相关民俗事项的基本理论与相关知识；

（2）相关民俗事项的重点要关注的地方；

（3）摄制组人员以及分工；

（4）拍摄流程以及机位的安排，包括对每个机位的具体要求；

（5）根据当地情况，确定灯光、音响、录音、采访等有关事宜；

（6）安排好突发事件的应对措施；

（7）安排好后勤保障。

三、摄像组

对于一部较大型的纪录片，摄制组成员非常多，但是，核心成员有：（1）总制片人、制片人；（2）总编导；（3）总顾问（承担民俗学、影视学指导）；（4）现场导演；（5）摄像；（6）灯光；（7）录音；（8）资料；（9）编辑；（10）场记；（11）剧务；（12）特技导演；（13）其他。

对于一般的个人性或小型的民俗影视记录或采访等项目，要考虑到人力条件和能力、设备的情况，以及所记录的事项的进程和复杂性，充分利用可能的帮助来完成。

四、摄像器材的准备

根据拍摄计划，摄制组应当及时做好摄像器材的准备工作，并要求落实专人负责，做好登记保管工作。主要器材一般包括：

（1）摄像机、照相机（含各类镜头一组）；（2）灯光；（3）音响以及录音设备；（4）三脚架、滑轨、摇臂；（5）反光板；（6）航拍设备；（7）充电设备、电池；（8）机箱；

（9）首次防抖装置；（10）清洁镜头用的镜头纸或麂皮；（11）其他。

五、现场拍摄与外景拍摄八原则

组织好现场拍摄是一部民俗影视纪录片成功的关键，除了前期做好相应的准备以外，现场拍摄的具体落实也格外重要。外出拍摄是一件繁杂的工作，涉及的人员、设备众多，加上对拍摄对象、环境等因素了解有限，因此，非常有必要在遵守统一指挥、团结协作的前提下，明确八条基本原则：

（1）必要而充足的前期准备；

（2）一心不可二用，专注于自己的工作；

（3）人机不可分离，不要离开摄像机；

（4）设备出现故障时候，不要贸然修理设备；

（5）保养好三脚架；

（6）及时沟通协调；

（7）及时做好场记；

（8）拍摄间隙及时充电，导出素材。

六、DV拍摄

鉴于当前的民俗影视拍摄者大多是专业的民俗学、人类学等学科的学生和学者，但不是影视专业人士，所用的多半是DV机，所以，在此专门介绍一下DV的拍摄方法。

**手持方法**

DV拍摄的时候，首先要掌握好手持DV的手法，以下这两种方法都可行有效。主要目的就是确保镜头的稳定，避免晃动。

**图10 手持DV方法一**

在上图中,拍摄者借助膝盖或者周边相对固定的某个物体,将DV机置于其上,这样可以减少镜头的晃动,推、拉的运动也非常方便。

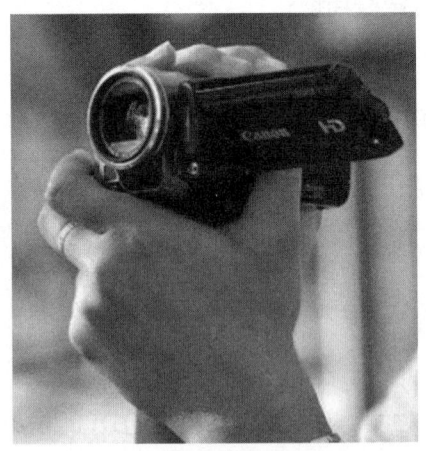

**图11 手持DV方法二**

上图中，利用双手与身体之间形成的三角形达到稳定的状态，在摇、移的时候尽量用腰部来运动，这样可以减少晃动。而在跟拍的时候，建议尽量保持匀速运动的状态。

### 拍摄要点

对于DV机的拍摄来说，需要遵循以下的基本原则：

（1）平（画面中的水平线要平）；

（2）稳（所有镜头要避免不必要的晃动）；

（3）匀（施加技巧的速度要匀，特别是在推、拉、摇、移、跟的过程中）；

（4）清（力求图像清晰，要求对焦要准确）；

（5）准（起幅落幅要准）。

### 镜头运动

镜头的运动是以人们的现实生活为依据的，它将人们心理活动通过画面表现出来。影视镜头的运动大体上分为八种：变焦与聚焦、推、拉、摇、移、跟，以及综合运动，这些镜头运动构成了一部影片的全部素材呈现模式。掌握好镜头运动，可以为我们现场拍摄制造出各种不同的效果。

### 变焦与聚焦

变焦与聚焦是充分利用镜头焦距的变化，在不改变摄像机与被摄物体间的位置的情况下，拍摄出物像的远近变化。它可以部分替代推、拉、移。在应用变焦与聚焦的时候需要注意：

（1）充分利用景深范围。景深范围大，效果好；

（2）聚焦必须做到焦点清晰；

（3）拍摄过程中必须平稳、均匀；

（4）在运动中可以利用跟焦。

**推、拉**

推摄是指镜头向被摄主体推进的拍摄方法，拉摄则指镜头向被摄主体拉开的拍摄方法。在这两种拍摄过程中，需要注意：

（1）把握好起幅和落幅，在起幅和落幅的地方要用静止镜头，至少各停留3—5秒；

（2）推拉过程中，要保持平稳、匀速运动；

（3）注意推拉速度。除非您需要某种特殊效果，不然的话，请尽量保持人视觉可以接受的一般速度，要与整体叙事切合。

（4）特别注意要适当运用推拉镜头，不能"拉风箱"（反复推拉）。

拉摄的镜头具有多重效果：具有带出主题环境、豁然开朗、恍然大悟的用意；拉镜头展示空间；长的变焦拉镜头通过"像外之像"的不断拉出，可以展示纵向空间的变化；形成反衬、对比或比喻的镜头效果；产生微妙的感情色彩，内部节奏由紧到松，有较强的抒情意义；如一个句号，与远景、全景镜头结合使用，用作结束性和结论性的镜头。每次变焦有自己的含义，但是通常不需要利用镜头内部的变焦。起幅、运动、落幅相比，落幅是表现的重点，更重要。变焦要注意景深的变化。

**摇**

摇摄是经常出现的一种拍摄方式，按照运动方向的不同，可以分为水平横摇、垂直竖摇、沿着某条直线斜摇、环形摇等。摇镜头可以拓展摄像机的视野，使用摇摄时候，要注意：

（1）水平横摇、垂直竖摇、各种角度摇都需要提前规划好运动轨迹，做到匀速、平滑；

（2）表现多个物体之间的关系的时候，可用间歇摇；

（3）非水平摇可以表现出不同的情绪；

（4）DV机的摇操作，以腰部为中心，均匀摇；有三脚架的大型摄像机摇的时候可以依托三脚架或者摇臂，围绕某个支点摇。

摇摄是为了突出空间与视野感。摇摄是有轴心的运动。摄影机机位不动，借助脚架，变动镜头轴线。摇镜头具有巡视的视觉效果，或展示规模，或巡视环境，或揭示人物的精神面貌和内心世界等。为了使速度均匀，要尽可能地利用三脚架。用左右摇摄拓展视野。广角位置的摇摄凸显空间规模，而镜头推近的摇摄更有临场感。上下摇摄展示纵向的高度。摇摄可实现形象的对比或并列。

**移**

移摄是指摄像机沿水平方向左右移动时拍摄的画面，它可以使观察景物的视点在移动中不断变化。需要注意以下几点。

（1）移摄一定需要一个相对固定的点，通常有两种拍摄方法，一是摄像机放在各种活动的物体上，另外一个是摄像人员肩扛机器拍摄。后者称为徒步移摄，徒步移摄包括：前后移摄、左右移摄、弧形移摄。徒步移摄需要助手辅助。在拍摄过程中，滑轨是很好的工具。

（2）镜头一定要保持水平线。

（3）注意随时调准焦点。

这种拍摄方法的特点是主观色彩浓厚，可以大量用于主观镜头的拍摄。移摄是无轴心的运动，当对象静态时，移摄造成巡视或展示的视觉感受；当对象呈动态时，移摄则表现为跟随的视觉效果。移摄极富临场感，视觉效果是单靠推拉摇不可比拟的，运镜更能贴近拍摄目标，常适合长镜头的拍摄。移摄可表现恢宏场面、转移空间、转移视点、表达主观倾向和情绪。

### 跟

跟拍是指摄像机跟随运动着的被摄主体拍摄，全程记录被摄者的运动情况的拍摄方法。需要注意的是：

（1）摄像机运动速度与主体一致；

（2）跟上、跟准被摄主体；

（3）画面尽量平稳，不要有过大的跳跃；

（4）机位要跟上被拍摄者；

（5）良好的手持或者肩扛的减震系统是必不可少的配件。

跟镜头是对人物、事件、场面跟随记录的表现方式，具有纪实性。跟镜头分为前跟、后跟、侧跟和上下跟四种情况。侧跟类似横移，上下跟能表现下落或上升的速度感。跟镜头能够连续详尽地表现运动的主体，又能交代主体的运动方向、与环境的关系，有利于通过人物引出环境。跟镜头可表现主观视点，背后跟摄使观众与主体视点一致。

此外，还有升降镜头，即利用机位较高造成的远全景镜头的效果。升降镜头有利于表现高大物体的各个局部，并展现事件和场面的规模、气势和氛围。升降镜头的升降运动可以暗示和隐喻情节的变化。

**综合运动**

综合运动是指在拍摄的过程中，变焦与聚焦、推、拉、摇、移、跟等几种手段混合使用的拍摄手法。综合运动镜头容易在一个镜头里包容各种景别，是形成影视画面造型形式感的有力手段。表现运动是视频的重要造型特性，而运动表现（在运动中表现被摄对象）也是影视造型表现的一大优势。综合运动镜头信息量极大，意义丰富，能再现现实时间感知，改变影片节奏，或者本身包含节奏。综合运动镜头还具有拟人的效果："随意"的镜头调度极具参与感。

总之，运动是视频的核心力量。运动镜头有三种。一种是镜头内部运动、基本运动，涉及场面调度，即变镜头焦距所进行的拍摄。基本运动造成视觉美感，运动速度和结构本身具有表现力。人的眼睛喜欢看运动的物体。在一个画画中，运动的物体比静止的物体更容易引起人的注意。在画内没有运动的情况下，人眼就对画框的运动非常敏感。

另一种是镜头运动、二级运动，即画框的运动，涉及镜头调度，即通过移动摄影机位。二级运动会产生时空联系，运动镜头的长度形成节奏，画框的运动形成空间转移。大多数情况下，基本运动和二级运动同时存在。第三种为剪辑运动，由镜头变换和转场变换形成运动感。

综合运动拍摄是一种要求极高、不便于掌握的拍摄方法，一般不建议初学者运用。

## 七、拍摄机位的设计

民俗影视拍摄具有非常强的实践性。而在具体的拍摄过程中，民俗影视拍摄同日常生活中其他的拍摄有很多相似之处，比如，拍摄前的准备、拍摄过程中的分工与协作、拍摄完毕后的后期制作等等。在此，举例说明一些拍摄过程中多部摄像机的机位布置和协调场景，以便参考。家庭房间内的采访或表演等场景可做相应调整。

**场景一：表演或会议场所摄像**

**如果有两部摄像机**：1号机位主要负责主讲人正面活动，以及现场观众的反打；2号机位则关注全场环境以及主讲人的侧面展示。很多民俗展示的场所跟这个场景类似，例如拍摄制作小糖人、民间小工艺制作等。

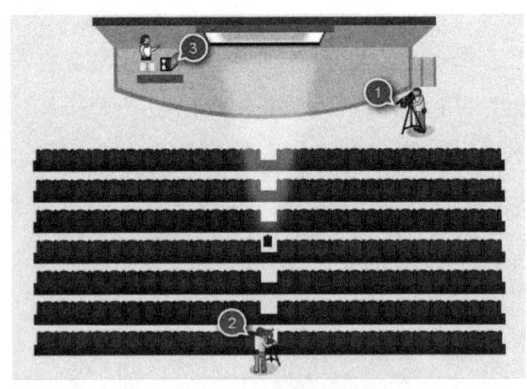

图12　两机位拍摄

**如果有三部摄像机**：（如图13）1号机位注重拍摄现场参

与活动的两个配角；2号机位注意拍摄全场环境以及台上三人关系；3号机位注重拍摄主讲人。需要说明的是，这些分工是相对的，在必要的时候，可以适当调配，例如1号机和3号机都可以适当拍摄观众的反打镜头。在小型祭祀等民俗活动中，这种机位布置方法可以作为参考。

**图13　三机位拍摄**

另外一种三个机位的拍摄模式：1号机位注重拍摄现场参与活动者的侧面以及大屏幕；2号机位注意拍摄全场环境；3号机位注重拍摄主讲人正面。同样，这些分工是相对的，在必要的时候，可以适当调配，例如3号机可以适当拍摄观众的反打镜头。在小规模展示性民俗活动中，这种方法布置机位可以作为参考。

**如果有四部摄像机：**这种拍摄模式适合于大型民俗活动的展演：1号机位注重拍摄现场参与活动的右边参与者；2号机位注意拍摄全场环境以及台上关系；3号机位注重拍摄左边参与者；4号机位是游机，注重台上表演者细节的抓拍。需要说明的是，这些分工是相对的，在必要的时候，可以适当调配，例如1号机、2号机、3号机都可以适当拍摄观众的反打镜头。

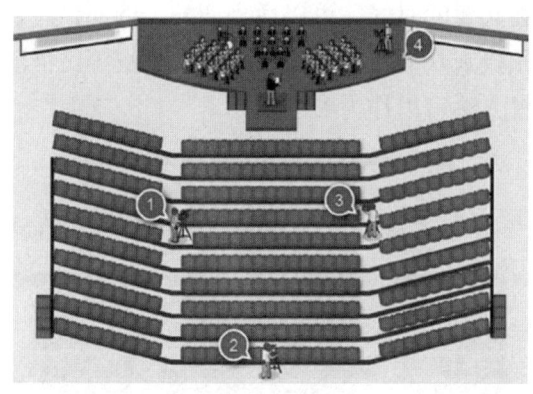

图14　四机位拍摄一

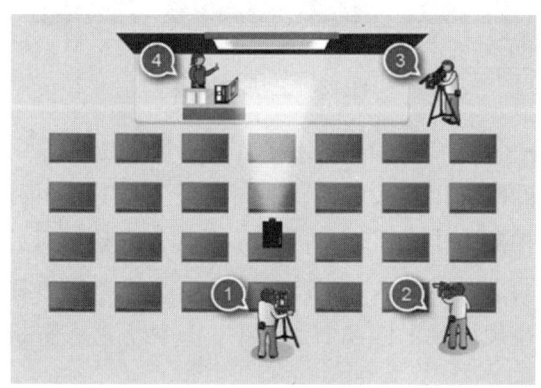

图15　四机位拍摄二

**场景二：运动场所摄像**

这是大型活动的现场拍摄，主要注意如何布置机位，每个机位之间的分工协作以及适时调度的情况。这种大型活动在民俗节庆活动或表演中很常见，我们应当根据现场情况，适当布置机位，同时，也要根据现场的变化，及时调整机位。

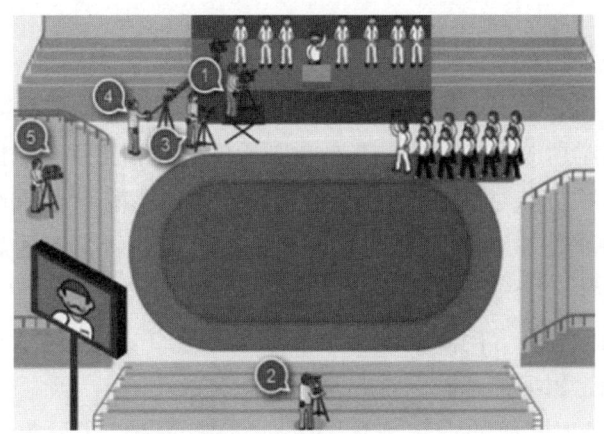

**图16 多机位拍摄**

针对游行等其他运动中的拍摄，要做相应调整：有相对固定机位，有跟随主要人物的跟拍等。同时，特别要注意音声的录制。

## 2.3 经营画面

摄影造型就是经营画面，或者说，如何获得好画面；运用摄影的手段在画面当中进行安排和布局，把各种造型元素组织成一个整体，以达到：摄影造型的初级目的——最佳的画面形式；摄影造型的最终目的——最好地表现主题思想。

对民俗影视记录而言，所谓的"好画面"一般来说可以分为两个层次：一是画面元素的组织能清晰准确地传达足够的信息，画面形式与内容的呈现相得益彰；二是画面组织不但具有易于传播和观看的视觉形式,并且能以最好的方式呈现内容的"意义",即最好地表达主题思想。

## 一、什么是好画面?

(1)画面要具有民俗性的主题。一是指画面的内容要具有民俗学所关注的对象,二是指画面的意涵和主旨与民俗学有密切关联。如对端午节的拍摄,画面内容当然需要呈现端午节的各种民俗事项和民俗细节,其次还可呈现研究者的观察思考,比如"端午节强化了社区凝聚力"或者"老年女性掌控了食物的分配"等内涵。因此,拍摄者本身的民俗素养、观察能力、理论积淀都和画面主题有密切的关联。

(2)画面的形象表现力要强。画面是透过形象反应主题,如果形象表现力有所欠缺,会直接影响画面主题传达的有效性。如我们用大全景呈现"端午节强化社区凝聚力",社区的男女老少都围在拜祭现场,如我们用平拍,画面里面可能都是纷乱的人头。但我们用俯拍,画面中心是拜祭的祭品台,周围的人群团团围住,就使画面结构变得清晰可辨,并通过画面中心和周围的对比暗示了"人们都沉浸在拜祭的活动中"。

(3)画面要简洁。"摄影是减法",当画面足够简洁时,干扰的因素就被很好地排除了,从而使主题得到强化。比如"老年女性掌握了食物的分配",如果我们拍摄戴着女性配饰的老年人的手正在分配食物,前景是手的特写,背景是排列整齐的食物。那么我们既呈现了民俗学信息,又使画面因简洁具有了特别的力量。

(4)画面要具有一定的形式感。形式是指画面元素之间的穿插得当,光影错落有致,画面结构均衡有序,使画面整体在视觉上引人入胜。不过"美感"并无通则可寻,通过观摩和分析优秀的民俗学作品,可以提高拍摄者对画面的把控能力和直觉思维的能力。通过打破美感的常规,同样也可以形成美感体验。

二、画面元素:主体

主体是画面的主要表现对象,是画面的主要内容,也是主题思想的重要体现。主体在形式上是画面存在的核心,是体现画面全局的视觉中心。因此,画面主体是表达内容的中心,在民俗影像中,主体是表达民俗内容的核心,也是结构画面的中心。对于主体的视觉呈现,其基本任务就是"突出"。其基本方法包括以下几种。

(1)主体占据画面的大部分面积。在构图时,使主体拥有面积上的优势,是直接强调"这是主体"的办法。

(2)主体占据特殊的位置。如典型的"黄金分割位",自然会受到更多的注视,从而视觉比重得到加强。

(3)主体在色彩、影调、形状、运动、朝向上特别突出。如"万绿丛中一点红"(色彩突出),或者"孤帆远影碧空尽"(形状突出),或者"众人皆醉唯我独醒"(运动与静止),或者"那人却在灯火阑珊处"(影调突出)等,都可以成为在主体面积不大、位置普通的时候来强调主体,设置视觉中心的技巧。

(4)利用线条、框架性前景等视觉手段,人为地控制观众的视线,从而达到突出主体的目的。

(5)当拍摄大景别画面时,往往需要在拍摄场景当中寻找一个事物或者一个点,以起到统帅全局、结构画面的作用，这个事物或者这个点就是画面的支点。支点面积很小，但作用却很重要，支点常常是主体。

### 三、画面元素：陪体

陪体与主体相对，是画面中用于陪衬、渲染主体，并且和主体构成特定关系或情节的次要对象，也是和主体联系非常紧密的次要对象。陪体常常对主体起到解释、限定和说明的作用。

（1）解释、限定、说明主体。如"端午节龙舟制作"的画面，主题可能是"师傅们认真制作"，主体是某一传承人，那么漂亮的龙舟就是陪体，用来说明传承人动作的对象或结果。或者以龙头的眼睛来作为陪体，与传承人认真的眼睛形成对比和呼应，从而加强画面的张力。

（2）点明、深化主题。还是以"端午节龙舟制作"为例，主体是认真制作的传承人，但陪体选择"在一旁学习的年轻徒弟"，并通过体态和神态透露出二者之间的师承关系，那么这时画面传达的信息就点明了"传承"这一主题。

（3）在形式上，陪体可以作为前景，比如我们可以通过"龙舟"本身的线条，来引导纵深空间，从而使观众的目光顺着龙舟的线条，集中到画面深处的传承人。这样既展开了空间，又使得主体更加突出。

（4）陪体甚至可以不出现在画面中，如我们在第一个画面构图中，让主体的目光望向画面外，比如"龙舟冲向终点"，每个选手都望向画面右方，那么自然会让观众期待和等待右方出现的陪体。

（5）需要注意的是，陪体的处理需注意"喧宾夺主"，不能让陪体占据了主体的地位，削弱了主题表达的力量。因此，陪体往往处于画面中不重要的位置，占据较小的面积，甚至只是局部出现在画面中。

四、画面元素：前景

所谓前景是指除主体外，在画面中位于主体的前面、距离镜头更近的拍摄对象。前景可以是景、物、人等任何事物。前景的首要功能在于它能够在二维平面上加深三维空间的感觉。使观众意识到纵深空间，从而给画面带来更多的信息，或者形成视觉张力，形成独特的形式感和视觉趣味。

（1）前景与主体的关系。前景常常与主体或背景形成关系，用以交代主体的环境，或者表达主体的范围。如以"端午节包粽子"为拍摄对象，主题是"人们在端午节要消耗大量的粽子"，我们用处于前景的粽叶和排列整齐的粽子来说明制作了大量的粽子，也呈现了粽子的主要材料。

（2）加强画面的纵深感。如我们在前景设置正在准备蒸粽子的灶台和水蒸气，那么整个厨房的空间就更为丰富，并且前景的蒸汽使过节的气氛更加浓厚。

（3）为画面增加趣味。如画面中只有主体，往往显得画面单调，空白过多，信息不足，气氛不够。因此通过人为地设置前景，能填补画面空白，并形成趣味。如我们将前景设置为一扇传统的雕花木窗，透过窗框去拍摄"包粽子"的主体，效果就会好得多。

（4）不少画面的处理中，前景还用来增强对观众的引导，使观众以片中人物的眼光看事物。如前景是一个小孩的背影，主体在包粽子，那么观众就可能通过孩子的视角去看待粽子的工艺。

（5）前景加强运动镜头的视觉张力。在运动镜头中，如我们用一个升镜头从包粽子的手的特写一直往上，最后以俯拍所有包粽子的人和粽子的大全景结束。那前景来来往往的人的动作，加上升腾的蒸汽、燃烧的火光、横梁上悬挂的腊肉等，就会加强镜头的视觉张力，使运动镜头更有力量。

## 五、画面元素：背景

背景即在画面中位于主体之后，起到陪衬、渲染、说明之功能的环境或事物。人物也可以作为背景使用，如以"人潮人海"为背景的镜头。而在运动镜头中，主体和背景可以不断变换，带来更为丰富的视觉体验。

（1）背景可以交代环境。背景是交代"背景"的最直接画面元素：端午节的龙舟赛，背景在某地某江举办，那背景如果能呈现江河的气氛，又能呈现某地的独特象征，还能通过光线等呈现时间要素，那么背景就直接起到了传递环境信息的作用，而且让观众有自然接受的感觉，起到"一图胜千言"的作用。

（2）背景通常是空间／环境，因此常常用来渲染气氛，呈现文字所不能表达的意境。如"大漠孤烟直，长河落日圆"，或者"枯藤老树昏鸦"，不但交代信息，也通过大环境的呈现传达了情感和拍摄者的主观意图。

（3）背景和前景或主体形成呼应关系，衬托主体。如前景仍然是"传承人制作龙舟"，而背景是一面墙的民间的锦旗和官方的奖状。就直接说明了传承人的身份，并使观众意识到其动作的重要性。反之，同样是"传承人制作龙舟"，如背景是破败的室内空间和简陋的家居，则马上会使观众意识到传承人的生活状况和传承的困境。

（4）背景也常常因为干扰画面而被"虚化"。如果背景繁杂，对主题的呈现会起到相反的作用，那么就需要巧妙地避开背景，比如改变拍摄角度，利用光线和空气透视，使用大光圈镜头，使用长焦镜头，利用气象条件等。

（5）需要注意，由于大光圈镜头和长焦镜头的虚化很容易形成漂亮的光斑，因此成为一种广为流行的省事的方法。但虚化背景不宜滥用，基本背景信息的缺失既造成观众难以体验真实的场景，也浪费了本可以用来形成视觉张力的纵深空间。

六、画面元素：空白

画面中的空白即"留白"，因此并非指"白色"，而是指画面中没有实际信息、没有实体意义的元素。如我们以高调（即画面中明亮的影调占主要部分）的方式拍摄龙舟在水面竞逐，水面因过亮而失去细节，从而成为空白。空白也应该视为一种画面元素，如同国画里讲究的留白"密不透风，宽能跑马"，就是把留白视为画面整体的一部分，来考虑它的节奏。

（1）空白既可以是纯黑或纯白，也可以是天空、水面、地面、遮挡物的阴影、大片的色彩、高亮或过暗的事物，或者被虚化的背景。因此，空白几乎"无处不在"。

（2）空白是"双刃剑"，空白较多，画面有利于突出主体，偏向于意境的渲染，然而会失去更多的其他细节；空白较少，主体的突出程度会受到影响，侧重于写实和交代更多的信息。因此，留白的多少，留白与实体的比例取决于画面的主题表达的需要。

（3）大面积的没有细节的空白需要谨慎处理，否则空白会成为画面的视觉中心，而夺取了主体的重要性，并且在画面上留下难以忽视的斑块。一般来说，如果空白大而不当，则需要"破白"，使空白的重要性降低，并形成有趣的节奏。如当我们通过仰摄来突出端午节鼓手的形象时，大面积过曝的天空过于刺眼和单调，则可以寻找高处的旗杆、树冠、建筑、云朵、飞行物来"破白"。

## 2.4 音声录制

对音声（如谈话或唱歌、乐器表演、动物或器物发出的声音、仪式或活动中必要声音等）的记录和利用不仅对所要拍摄和编辑的作品至关重要，也对从不同角度研究该民俗传统有重要意义。因此，除了要特别注意下面有关音声录制的技术和技巧外，作为拍摄者或采访者，一定要培养良好的录制音声的习惯，培养对各种音声的职业性敏感：不要轻易打断被拍摄者的讲述，不要在对方说话时发出各种动作和声音影响或干扰对方。切忌在对方说话时，过分地和重复地发出同意、惊讶、感叹等音声。可以通过点头和适当的面部表情等鼓励讲述者说出自己想说的话（当然，"学会提问"或"如何问"是民俗学者在田野作业时必须思考和准备的问题，参见第8.3章）。

无论是民俗学记录或纪录片，都需要在拍摄现场保证能采集到优质的音频。而从过去的经验来看，制作者常常把大量的精力放在画面的经营，而同样重要的音频的前期采集质量常常被忽略。录制音频时，声音的品质基本上是由话筒的类型、话筒的质量、与声源的距离、噪声处理等方面决定的。不同的话筒有不同的声音捕捉模式和不同的指向性（见第1.2章）。

一般来说，摄像机内置的机头麦最为方便，不需要额外的空间和附件。但也有明显的缺陷：机头麦普遍效果一般，不能胜任复杂音场的录制工作，不能更换，不能根据需要灵活调整方向。因此，视频拍摄常常需要配备外置话筒，在户外情况下还需配备话筒附件，如话筒放大器、数字录音机、防风毛衣、猪笼、挑杆，以取得最佳的录音效果。在访谈录制或拍摄对象不断移动，或者环境声音复杂的情况下，也常常使用领夹麦、无线麦克风等附件。而在不需要摄像的录音任务中，常常使用单独的数码录音机来录音。

无论是何种录音设备，在现场录制时需要注意以下事项。

（1）录音前需要完整检查设备的可用状态并进行试录，测试录音质量。录音过程中，除了观察摄像机显示窗口内的声音电平外，还需全程戴上耳机监听声音。声音会经常受供电、设备、转接头、线材、环境的影响而出现问题，全程监听有利于解决不可预知的声音问题。

（2）录音时尽量靠近采访对象。由于声音随距离衰减很快，在环境杂音较大的时候，距离稍远就很难获得有表现力的声音。原则上，录音的距离越近越好。因此，使用长臂的吊杆来配合画面就成为常见的现象：无论是近景还是大全景，话筒始终保持在不入画的最近距离，并随着声源位置不断变换角度。如有不同的采访对象，且他们之间的距离相距在两米以上，要考虑增加话筒。在近距离的访谈录音中，容易因距离太近且正对口部而造成气流直接冲向拾音头的"喷麦"现象，因此需要注意麦的位置。

（3）对录音的环境需要高度重视。比如空旷的室内空间容易产生难以消除的回声，用拍手声可以测试房间是否有回音。回声过大则需要更换房间，或者布置吸音材料（如衣服，地毯，布沙发等）。再如室内录音，常常会伴随平常注意不到的环境噪音，如日光灯的电流声、摄影灯的电流声、手机信号杂音、走廊内的脚步声、窗帘被风吹动的声音等。而在外景拍摄时，环境噪音也更为复杂。因此需要保持对现场的各种声音的敏感，并会使用快捷的办法和就近的材料解决问题。

（4）拍摄访谈时，声音成为关键的信息传达元素，因此录音质量直接决定了素材能否使用。使用领夹麦时需要特别注意拾音器和衣服是否有摩擦。人造纤维衣服极易产生摩擦噪声，如有条件，可要求被访谈人穿着棉质衣服。访谈开始前或者结束后，可以录制一点时间（20秒左右）的环境底噪，在音频后期处理时可以这段底噪作为样本降噪。

（5）注意声音的空间感。如针对同一对象的大远景和特写镜头，分别对应的声音应有所区别。

（6）同期声录制需注意自然音响的运用。在拍摄现场，除了人声如对白之外，也需要注意现场的音响的潜力和录制。声音既可以表达情感，也能传递信息，还可以拓展画面空间，甚至作为核心的表意元素使用。

总而言之，现场音是纪录片不可或缺的重要组成部分，但遗憾的是它经常被忽略，如果做不好，会对后期造成极大的负面影响。为此，必须掌握录制好声音的技巧，包括：1）提前规划好录音设备，布置好录音的机位；2）录好对话；

拍摄民俗影视纪录片，常常只有一次的拍摄机会，无法再拍一次，在拍摄当天就录制到干净的声音是最好的；3）合理放置麦克风（采访时，建议用夹领式麦克风；纪录片应避免话筒入画），或多准备几只麦克风；4）控制噪音；5）控制或利用声音透视（如列车从远处驰来，摄像机变焦拍摄时话筒也要变焦，特写时画面要求更大的声音能量）。

## 2.5 文字记录

文字记录在形式上有场记、日记或日志、随笔等多种方式。其目的和意义可以从以下三个层面来看。

（1）从技术角度看，有了较完整的场记或文字记录，非常有利于：现场的有序拍摄；后期的有效编辑（包括字幕、解说词、方言或外语的翻译等）；工作责任和伦理责任，甚至是法律责任的澄清。

有关场记，一般来说，在影视拍摄现场，场记的工作是跟随着导演、摄像的工作同步进行的。必须准备三样东西，场记板、场记单和拍摄计划。场记板是在每个镜头或者场景开拍时用的，在板子上记录拍摄日期、内容、场数，然后通过摄像机拍摄下来。场记单，先写上时间、集数、场数、镜数。再写上拍摄的内容，最后记录时间码。并且要对导演满意的条数做记录。拍摄计划是对现场的记录，记录导演对画面的要求，比如如何分镜，景别等，以及细节之类的，也是拍摄的大体流程。

场记人员（或拍摄者自己），在每天拍摄完毕，要同后期编辑一起，将素材及时倒出来，同时，逐个检视镜头，并将这些镜头做详细的场记，形成场记本。场记本里记载景别、镜头、拍摄内容、拍摄方法、镜头长度、对话内容等等，为后期撰稿、剪辑、配音等提供数据和材料。一般说来，对拍摄素材的场记要包括下列信息：

| 文件名（编号） | | 时间 | |
|---|---|---|---|
| 文件路径 | | 地点 | |
| 项目名（片名） | | 环境条件 | |
| 景别 | | 视频格式 | |
| 类别（小主题） | | 音频格式 | |
| 内容（针对主题） | | 设备型号 | |
| 拍摄人 | | 拍摄辅助人员 | |
| 采访人 | | 备注 | |
| 记录人 | | | |

针对人物的场记要包括这些信息：

| 文件名（编号） | | 时间 | |
|---|---|---|---|
| 文件路径 | | 项目名（片名） | |
| 被记录者姓名 | | 被记录者性别 | |
| 被记录者年龄 | | 联系方式 | |
| 被记录者职业 | | 纪录片中的角色 | |
| 被记录者教育背景 | | 画面出现场景 | |
| 被记录者信仰背景 | | 谈话出现场景 | |
| 被记录者居住背景 | | 在场相关人员 | |
| 被记录者家庭背景 | | 备注 | |

（2）从民俗志（或民族志）的"语境"角度看，通过文字弥补镜头捕捉不到的行为和言语，有利于对人物或事件的完整记录和理解。这些记录有些需要对观众交代，有些是研究时必须的，所以也是珍贵的。恰到好处的文字记录是任何一部有价值的纪录片都不能缺少的。这也是民俗影视记录的一个原则：文本与影视相辅相成，共同有益于学科的发展。

（3）从反思角度看，记录拍摄者所见所闻所感，这不仅对记录者本人，也对其他研究者，乃至对学科发展都有着重要意义，因为文字记录或场记也常常是民俗田野调查的重要一手资料，具有很高的资料价值。所以，拍摄者也要培养良好的文字记录的习惯；特别是当拍摄者是独自进行民俗拍摄记录时，必须学会"身兼数职"。

因此，日志与反思等形式的文字记录是必不可少的（另见13.4节清单）。例如，在结束一天的拍摄之后，民俗影视摄制组要集中开一个短会，主要是交流、总结拍摄的情况，将其中的典型问题提出来，大家一起讨论解决方案。回到各自的住房后，拍摄人员应当养成记日志的习惯。日志可以是一篇短文，也可以是分列的几条，内容通常包括：时间、拍摄内容、场景、拍摄效果、感悟等。通过日志，我们可以总结当天的工作，也可以进行反思，为进一步改进工作做准备。

## 2.6 编辑软件

这里所说的编辑有两个含义：对所拍摄专题的叙事内容的编辑；对计算机编辑软件的应用。作为准备阶段的环节，有必要了解和掌握编辑技术和知识。为了避免重复，有关将影片作为叙事的编辑理念，请见第5章，"影视叙事中的事件与人物人物"；有关后期编辑软件的应用，详见第17章，"编辑软件的应用"。

在此，需要注意，即使是使用对一个民俗事件的相同的记录素材，也会编辑出不同的成片，展示出迥然不同的观点、人物感情、事件性质，以及对该民俗传统的感知。那么，需要思考的问题是：如何，以及为何展示某个预计的视角？如何，以及在什么程度上表现拍摄者的观点？

# 第 3 章 学科知识

利用影视设备对民俗传统的记录,虽然表面听起来是民俗学者的关注范畴,其实这也是许多学科的兴趣所在。无论从哪个学科角度出发,都必须对本学科和相关学科的理论知识有恰当的掌握。例如,美国的民俗学影视在方法论上的发展与学科理论模式的发展形成了并行的互动关系(另见,谢尔曼 2011)。

此处所论述的民俗学角度在很大程度上与人类学等学科有相同的关注焦点、问题意识,但是,各自又有其特殊的对人物与事件的展示视角。又如,民俗学影视对一个民俗传统从一人一事一时一地的角度来记录便是其学科角度的独特之处。

## 3.1 民俗的影视记录与民俗影视作品

一、文本:民俗的影视记录与文字记录

民俗学的根基是实地(田野)记录,由此形成文本。有了文本,才有了分类与分析,发展出学科理论与方法。而民俗学对其他学科的最重要的贡献就是它的文本生产。因此,(文字和影视)记录是民俗研究的前提(张举文 2007,2011)。

文本包括文字（记录）和人工创造品（artifacts），也包括无形的音声（乐音、语调等）和文字难以描述的动作和表情等。在没有影视设备的时代，文本是"死"的记录：难有表演者的表情或语调语气等亚文本，以及表演背景（或语境）的记录；无法再现。例如，有人曾以字母的大小等形状来记录说话人当时的语调语气等，同时用其他符合标准的亚文本和语境等要素。但是，这样的文本还是有很大的局限性。当录音话筒出现后，关注音声和亚文本的学科得到了极大的发展。而影像设备的出现，为民俗学等不仅仅依靠文字文本研究的学科注入了更大的生机，也扩充了文本的内涵。

二、民俗影视的发展

随着1960年代开始的摄影和摄像设备的普及，以影视记录民俗的学科领域得到发展。以美国为例，1970年代后，出现了民俗学家专门从事影视记录和研究。当时，使用的是"民俗电影"（也称民俗学电影）一词，指"任何包含可用于民俗研究和教学的民俗内容的电影"，依此，民俗学电影的内容比较广泛，"此类电影包括民俗学家自己所创作的、非民俗学电影制片人或录像人所记录的有关民俗的电影"（谢尔曼 2011：69）。

有关民俗学对影视的研究，可参见《记录我们自己：电影、录像和文化》（谢尔曼 2011）。相关的人类学角度的研究，可参见《视觉人类学导论》（邓启耀 2013a）和《我看与他观：在镜像自我与他性间探问》（邓启耀 2013b）。

三、基本概念

为了避免不同翻译或术语的混淆，有必要澄清一些基本概念。在此,本手册使用"民俗影视"(或"民俗影像")一词来泛指各种视觉作品,尽管这些作品主要是电影或录像。对每个实践者,有必要弄清楚自己所使用的概念的内涵与外延,并需要了解他人所用概念之定义。下面仅说明两个概念——"民俗影视"和"影视民俗"(另见张举文2005,2007,2011)。

(1)民俗影视(或,民俗学影视;民俗学电影;民俗电影),指的是对民俗的影视记录,是纪录片的一种,但又不同于其他纪录片,它不是去描述或解决社会问题,而是让观众反省自己的生活。它真实记录民间活动和完整事件,使观众从中看到自己被反射或折射的形象。所以,民俗影视为理解我们自己提供了一个阐释的窗口。它关注的是制作人所熟悉的以及与自己相关的群体中的民俗活动。其中,最重要的是看制作人提出的问题,以及处理这些问题所依据的理论导向,这也是民俗学影视有别于其他影视的关键。出色的民俗学影视制作人每次都是对影片主体有了深刻了解,并为之感动后才开始拍摄。如此,拍摄对象与制作人产生互动,拍摄对象不是作为正在纪录的文化存在,而是作为一个活人。总之,立意于民俗的民俗学影视作品大体上聚焦于:(1)表演者或艺术家个体;(2)互动事件和进程(演唱、叙述、演奏、制作);(3)某"小群体"(地区、家庭、职业群)或其"文化";(4)文本、工艺过程或手工艺品。或者说,通过一时一地一人一事,通过具有时空连续性的民俗理念创造出关注历史或民俗活动类型的影视作品。

民俗影视作品与其他学科和专题纪录片(见下节)有很

多相同点，但其核心在于民俗影视是基于民俗学的基本原则（见前言），在形式上，多突出实践者个体角色，及其与群体的关系，强调一个事件的完整性与独特性，侧重对该民俗事项的核心符号的记录；在内容上，关心一个民俗传统的传承与演变进程，以及传承者在其中的作用，即"民"与"俗"的辩证互动关系，也关注传统在实践中的取舍与新文化创作现象。

（2）影视民俗，指只存在于影视作品中的想象的民俗，是被制作人创造或改造的模仿民俗的表演。影视民俗出现在以下这样的影视作品里：民俗在其中被剥离开原来的文化、社会和历史背景，通过混杂和添加的手法，被用来强制性地表达制作人的意识形态、价值观或审美观。影视民俗作品不同于纪录片或故事片中对真实民俗活动的局部记录或再现，其作者大多不是民俗学影视学者。

影视民俗是新兴的民俗，但具有传统民俗的特征和功能：重复表演（但不是在传统的环境下），艺术性交际（但不是在传统的小群体内），成为艺术、艺术品和艺术性创造思想（但不是在传统的社会里）。而且，影视民俗反过来也影响到制作人和观众，以及所反映的相关民俗的实践者。这些作品不像民俗影视作品那样反射某群体或个体及其文化。因此，它不是为了记录民俗，而是借助影视媒介对民俗进行拆卸和重构，从而创造超越时空的想象民俗（而不是保持时空连续性的实践民俗，这一点至关重要）。对含有影视民俗的作品的研究也要注重整个作品的创作进程和语境分析，如此对影视与民俗之多方面互动的研究不但为民俗学在认识论和方法论上提供一个新视角，而且，也体现了民俗学的根本，即民俗学的学科性存在于它的跨学科性。

这类影视作品利用影视民俗,以似曾熟悉的民俗事象沟通制作人与观众的认同感,在不熟悉的场景使用熟悉的象征,从而引起普通观众对传统的认同感和怀旧感,也形成影视民俗特有的话语方式。年轻观众则将影视民俗融入个人记忆中,成为对文化传统的记忆的一部分。因此,影视民俗以其艺术创造性反过来影响到社会价值、伦理观和文化行为的同一,并对所处文化提供了一种阐释,而不是解释——这与民俗学研究的目的是一样的。

近些年来,出现大量的有关"非物质文化遗产"的影视作品,包括申报片、宣传片、申遗资料片等,甚至出现了以"非遗"为题材的"非遗电影"。这些都需要民俗影视人深思明辨。

四、相关学科知识结构

民俗影视片的创作主要涉及民俗学(还可能涉及人类学、民族学、社会学等)和广播电视编导两个学科,因此,在拍摄之前,相关学科的知识储备必不可少,而且,要思考和践行相关伦理规则(另见第6章、第12章、第18章、第24章和附录一)。

(1)民俗学相关知识。具有一种特定的民俗文化的观察力和极强的民俗意识,对具体民俗事象的形成、发展及其与传统文化的关系能有较深刻的理解,才能准确地把握民俗事象的深厚内涵,拍出优秀的民俗影视作品。从事民俗影视拍摄须掌握相关民俗学知识,弄清什么是民俗,处理好民与俗的关系,了解民俗学基本理论与阐释框架,积累田野作业经验；了解所拍摄的民俗事项的形成、演变和特点，以及进程细节；了解民俗活动中每个参与者的个人情况以及在民俗事项中的角色；了解民俗活动中的象征物与象征意义；了解有关个人或群体的历史、社会、民族等情况，了解当地的言语、习惯、禁忌、信仰等情况。对此，即使是对民俗、民族工作有一定经验的拍摄者，在具体从事一个拍摄项目时，仍然要做足预备功课。

（2）影视学及相关知识：影视学的知识是我们创作民俗影视作品的关键，也是我们利用影视手段，扩展民俗学研究的一种途径。在这个方面也需要掌握一些知识：广播电视编导知识，电视摄像知识，电视编辑技巧，电视采访技巧，电视制片，三维、二维制作等。

五、民俗田野影视记录与民俗影视作品

从事有计划的民俗专题研究，通过田野作业，并利用影视设备做辅助记录，这与以拍摄民俗影视作品为目的的田野作业是两个相关但不相同的项目。但两者的前期准备有很多相同的地方，如前所述。另外，从搜集民俗信息、挖掘民俗符号、建立良好合作关系、展现拍摄对象的声音或提出自己的观点看法等方面来看，两者也多有重叠。主要的不同是在专题项目设计方面（见第4章）。当然，影视作品可能会产生更大的视觉冲击、社会反应，甚至更突出的伦理问题等。

如果说摄像机是田野作业者的另外一只眼睛、一个耳朵，那么，除了借此更有效地记录画面和音声外，田野作业者还需要进行文字记录。虽然在来到现场前可能有了拍摄主题，但是，与某一民俗事项相关的其他民俗事项有多重表现形式。例如，当地的游戏、菜谱、谚语、俗语、歌谣、传说、故事都需要随时随地记录。如果当场不好分类，之后要分类和建档。在这方面，传统的"笔记"式田野作业常常被"影视"式田野作业"聚焦"到只关注要拍摄的主题，忽略其他可能有用的民俗事项。

或者说，如果"聚焦"太集中，太狭隘，就会错过许多有价值的东西。所以说，有些好的民俗影视作品不一定出自"专业"的民俗影视学者或视觉人类学家，普通百姓有时会记录到学者无法记录到的珍贵资料。

在此，提示一些田野作业中的常识问题：

开始拍摄前，到"场"内外走一走，用"民俗学"的眼镜审视一番将要拍摄的对象，也要注意自己的感受，并用笔写下来。

利用已有的地图，或自己绘制一份地图，做出有针对性的标记。这会帮助掌握画面的空间感。同时，在地图上标示出所看到的、听到的有意义的东西，包括可能采访的人的住处，以及各家的距离关系等。

在这样的"踩点"过程中，要尽量友好地与可能的采访人（或相关群体的成员）建立友好关系。合情合理地"搭讪"是进入田野的一种途径；合情合理的"明知故问"是深入对话的一种契机。可以利用下面的问题（在村落、家里、或其他场合）：

你是在这里出生的吗？（是当地人吗？）
你是哪年出生的？（多大年龄？）
是在哪儿长大的？

还记得小时候玩的游戏吗？怎么玩的？

家里有什么特别的庆祝活动吗？

有什么特别的菜（谱）或吃的东西吗？（什么节日吃什么？）

有什么笑话、故事、谚语、山歌？（没事干的时候怎么解闷儿？）

有什么仪式？

村里（社区里）有什么特别的当地的庆祝活动？

家里经历过的特别的事？

小的时候有人唱摇篮曲吗，还记得怎么唱吗？

家里、村里有重要活动时谁主持负责？别人都做什么？

家里、村里谁最会讲故事？

当地特别的词语（说法）等有什么？

有了这些基本信息（口述史），便可以做进一步的调查，从而设计或调整下一步的拍摄计划。对很多乡村地区，口述史是当地民众生活的非常重要的组成部分，是他们的地域认同的基础，民俗影视拍摄也离不开所拍摄对象的口述史。当然，也要关注当地的文化精英的口述史。最后，对于这些口述史内容，要记录叙述者的背景情况，要得到他们的记录和使用许可，不能随意散播，要遵循伦理规则（见附录一）。

## 六、民俗影视作品的类型和特点

从表现结构上，民俗纪录片总体可以分五种模式：阐释式（expository）、观察式（observational）、互动式（interactive）、自反式或反思式（reflexive）以及表演式

（performative）。这五种模式中每一种都依序从前一种辩证地发展而来。在其演变进程中，在一种模式影响其他模式的同时，也形成了自己的传统。这一模式的转换发展进程与民俗学模式的转换有着惊人的对应（谢尔曼 2011：232；另见，第3.2章有关其他专题纪录片）。

从目的和功能上看，民俗影视作品有不同功用：作为档案资料、用于科研或教学展示、作为公共教育或宣传，或为了商业经营（另见，第四篇）。

从表现体裁和内容上看，民俗影视作品可有不同表现：1）家庭活动记录、个人口述、个人或小群体技能展示、大型民俗活动等；2）突发事件、情景再现等；3）专题系列、舞台表演、游记等。

民俗活动内容也可能出现在其他类别的纪录片中，如，科教纪录片、军事纪录片、新闻纪录片等。

从制作者的表现风格上看，仅在音声的处理上，就有不同方式：有的使用，有的不使用任何外加音声（如配乐等）；有的使用，有的不使用解说或旁白；有的使用，有的不使用字幕；等等。对于一部好的民俗影视作品来说，只要能够突出表现主题，恰当利用字幕、旁白等是可以的，有时是必要的。但要避免过多解说、配乐，或"艺术渲染"。

总之，民俗影视作品要处理好上述的各种关系，关注民俗事项的传承性，突出两个最重要的元素：民俗符号与人的情感。例如，记录端午节的影视作品可以利用不同民俗符号，从不同角度展开：展示该节日历史演变的，说明该节日在某一地区的发生与发展的，侧重"粽子"的传说或制作，记录"喝粥吃包子"习俗的，强调"龙舟赛"竞技的，突出"屈原"爱国的，宣传"端午文化节"新闻或歌舞表演的，提倡"驱五毒"讲卫生的，描述祭祀仪式音乐的，讲述某人或某家的故事的，策划旅游的，等等。一部作品不应包罗万象、面面俱到，而应以一时一地一人一事的方式突出某些民俗传统符号（另见第9章关于核心符号问题）。

## 3.2 其他专题纪录片

上面侧重的是民俗影视，突出的是在一个传统传承事件中对一时一地一人一事，及其核心符号的完整记录，强调的是让事件的行为者自己去说讲述自己的故事。其他专题纪录片虽然在所记录的内容上与民俗影视有很多相同，但毕竟还有各自学科或价值观的不同强调。民族志影像如何使用影像这一种富有表现力但又有明显局限的方式来表述他者？基于视觉人类学和视觉传播的旨趣，下面以四种意义建构的表述传统作为分析的基本分类。把它们纳入到视听传播过程的脉络中去分析，讨论其与民族志文本相同或不同的传统、结构、特征和局限。

一、阐释脉络纪录片

阐释脉络（expository）的影像表达模式将现实世界的片段结合起来，组织成一个具有说明性、修辞性或论辩性的整体结构，其中的重点在于其阐释内容的逻辑完整，证据真实充分，而非美学、诗意、戏剧性或视觉冲击力，也不要求呈现现实世界时空的连续性和事件的完整性。阐释的表达意在直接针对受众进行传播，强调信息传播的效果。对于静态影像来说，包含了现代摄影得以确立以后海量的新闻摄影、纪实摄影、报道摄影或图片故事等。对于活动影像来说，既包括早期民族志影像、人文自然类纪录片、社会教育类纪录片等大量使用的说明性或介绍性的结构形态，也包括数量不菲的意在宣扬动员或批判揭露的"形象化政论"的论辩型的结构方式。阐释型纪录片的首次出现可以追溯到19世纪20年代，和《西太平洋上的航海者》一样，直到今天还具有很大的影响力。目前的大众传播渠道中，新闻调查类和深度报道类节目、社会纪实、科教片、传记片等纪录片继续沿用阐释模式的惯例和形态。

阐释型影像具有明确和直接的社会指向和现实述求。阐释型影像的传播者处于传播过程中的核心位置，他们掌握了对现实进行"机械复制"的影像技术，他们偶尔或经常地"进入"到对象世界，拍摄下他们看到的或希望看到的画面，他们希望借此媒介，观众能相信他们从影像中看到和体会到的是"真正事实"，把影像和现实生活直接联系起来，从而进入到他们设置的议程，接受他们传播的信息，同意他们隐藏的观点。因此大量的阐释型影像拥有一个权威的"上帝之声"作为旁白，或者用字幕来缝合不完整的影像表述，使得总结说明和抽象演绎成为可能。当然，视觉材料在其中不可避免地常常处于从属的位置，只是起到配合的作用。而视觉材料本身的模糊性和多义性也使其成为必须依附文字才能精确表意的一种附属物。

二、叙事脉络纪录片

叙事脉络（narrative）纪录片大多讲述受众喜欢的故事。这一点在文本写作中也不难见到。无论是林耀华的《金翼》还是黄树民的《林村的故事》，抑或列维-斯特劳斯的《忧郁的热带》等民族志的文本写作，或者近期出版的《无处安居：虚构式民族志》这类干脆通过虚构的人物、情节进行戏剧化叙事的人类学民族志作品，使读者获得更为丰富、富于经验唤起的文化感受。更有与之对应的"上古文化人类学"系列、"人类学笔记"、"方志体小说"等文学文本的民族志模拟，都可看出故事化的努力和体现出的较强的传播效果。

虽然文本写作的故事化尝试并不鲜见，但影响民族志影像表述方式的另一个脉络应该来自故事片的电影化叙事的传统。在神奇的1920年代之后，无声电影的兴盛似乎已经发展出来一套比较完备的手法。如巴赞所说，"无论是影像的造型内容，还是各种蒙太奇的手段，电影支配着各种手段再现的事件，并强加给观众。"（巴赞 2008：61）德国学派致力于发展造型能力，而后苏联电影实践者又开始试验蒙太奇的各种可能。到1938年，空间、人物和镜头的关系已经被实践充分探讨，镜头调度与情节结构之间的对位关系渐成规范。时至今日，电影叙事的"经典模式"还是最流行的编织故事的类型，它成为支配电影产业的重要结构范式。

作为一种操作程序，经典叙事产生于戏剧实践，以角色/动作的动力和与之相反的阻力形成冲突，经由对抗结构建立关于冲突的时间曲线。一个经典模式的电影既可以是简单的单线顺序叙事，也可以是看起来复杂一些的多线平行、交叉或时序上的往复、倒序，或者再麻烦一些的嵌套或回环，但总能被拆解为一个个简单的叙事单元。一个叙事的剧本在写作上常常是相当程式化的（尤其是好莱坞这样的大规模产业链中），时空安排、冲突曲线的安排都有类似的设置，视觉元素如色彩、线条、空间、运动、影调等的设置也用来强化这个结构。换句话说，这种规则和"艺术"无关，它逐步借由产业化、大规模和全球性的影像生产变成了一种强大到可以引导、改变、控制受众世界的媒介议程。

以德鲁和怀斯曼为代表人物的美国直接电影流派于20世纪中叶兴起，也进入民族志影像的视野，不少研究者把它们列入专门的类别，即观察型纪录片。它们虽然看起来没有太夸张的戏剧冲突，但依靠影像进行叙事，追求生活中的潜在的戏剧冲突仍然是它们的特点和目的。直接电影的长时间的工作方式、不干预对象世界、建立稳定和紧密的关系、尽量保持影像的开放性等理念，与民族志工作方法也颇为相似，从而成为一个解决之道，也影响了一大批国内与阐释影像保持距离的纪录片工作者。其次，人类学电影工作者也发现，作为民族志核心要素的仪式结构和经典戏剧或影像叙事基本同构。尽管不能经常碰上完全合乎经典模式的仪式事件，但擅用结构的民族志作者仍能游刃有余地按照经典模式建构内在叙述和象征线索。因此，利用和发掘这种同构关系，可以拓展民族志影像的可能性与传播力。

三、先锋脉络纪录片

整个文学艺术领域中的先锋派（avant-garde）从19世纪中叶开始发端，来自对日益制度化的现代主义的质疑和批判，在哲学和文艺批评领域以及其后整个学术脉络的语言学转向。受到后现代思潮的影响，人类学尤其是文化人类学开始反思自身，不断质疑科学主义和实证主义的客位优越感。意义建构的方式向人文一方倾斜：民族志书写、反思民族志、解释人类学、主位和主观、文本与话语等大量进入学术场域。随着脱离知识主体及其语境的"客观"科学研究受到质疑，个体的自我意识和主体性也得到全新审视，其思考和自我展示往往出现在与历史文化互动中所产生的"破碎""间隙"以及"瞬间"的时刻，即"诗性智慧"的时刻。同时，作为"共通性"智慧，诗性的修辞手段也正成为人文科学追本溯源的手段。

作为对诗性、梦境、瞬间、通感有特殊优势的影像表达方式，其"先锋"的尝试和实验历史更为悠久。随着文学、绘画、戏剧等艺术领域流行起来的未来主义、达达主义、超现实主义等艺术思潮的影响，在图片摄影的领域，现代主义摄影在20世纪初就开始出现，作为现代摄影的一部分，它反而刻意地与实用性保持距离，也与把影像作为大众传播工具的目的性保持距离，更多地体现为一种突破性的思想表达和视觉实验，被认为是人类使用图像来挑战视觉可能和促成思想变革的"先锋"。1920年代，随着更多的人才进入电影界，先锋电影从1925年前的法国为中心的印象主义过渡到1925年之后的超现实主义阶段，1927年后，先锋派电影人开始表现现实生活，转入以纪录片拍摄为主的"第三先锋派"。《柏林：一个大都市的交响乐》被认为是一部真正意义上的依靠节奏、影像碎片和多义表达的先锋纪录片。在创造日常生活诗意意象的影像制作中，制作者致力于运用各种蒙太奇手段"化腐朽为神奇"，观众在经历了影像冲击后开始发现，先锋纪录片最重要的也许不是形式感和杂耍似的技法，而是隐藏在背后的作者观念。此后，经由维尔托夫、伊文思、雷吉奥等人的实验，先锋电影中故意忽略叙事结构，极力试验蒙太奇的可能性，大量使用隐喻和象征，以及主观性极强的文本形态被延续下来，成为一种"诗意性"的传统。在现代的纪录片制作实践中，先锋这

——早先小众化和精英化传播的影像形态也开始成为大众传播的媒介，如雅克·贝汉、罗恩·弗里克等人的人文题材的纪录片。

在一些人类学影像实践者看来，影像的特殊意义就在于它试图达成主观的个体经验，并且能够通过视觉人类学来体验抽象的文化整体。因此诗意传统再一次露出海面，晚近的视觉人类学的实验已经开始批量地实验这个议题。如鲁西安·卡斯廷–泰勒（Lucien Castaing-Taylor）所主持的哈佛大学感觉人类学实验室，关注结合感官美学与民族志的电影创作，通过所谓的"感觉民族志"来探讨如何以视听方式的"非主流"实验，传递关于对主流世界的人类学的思考、批判和关照。而这种关照跳脱阐释型和叙事性的线索构建，无论是像《人民公园》那样的超长镜头，还是像《利维坦》那样的杂耍蒙太奇，其背后的追求仍然是先锋影像的脉络，即保持对自身文化社会的批判，挑战传统叙事和艺术表达方式、强调回归影像本体、致力于整体和印象式的文化呈现、使影像在可体验的同时打开更丰富的感官维度。

四、自反脉络纪录片

影像不但具有很强的直观性，而且也常常具有有别于文字的自我表征的能力。早在1839年，法国人希波利特·巴耶尔因为和达盖尔竞争摄影专利权失败，愤怒之下拍出了《巴耶尔之死》，无意中拍摄了世界上最早的自拍照和人体作品。而在电影发展中，依赖客观、忠实地反映生活的原貌的现实主义脉络，既是电影实践的一个表达方式，也是电影批评的一大理论流派。不过，对现实主义的批评一直存在，其中最重要的一个概念就是"自反"或"反思性"。即通过不断审视现实时空与电影时空、作者身份、摄影机角色等影像生产过程，质疑其"现实主义"的建构本质与受众接受此类影像背后的思维定式。在此之中，如何打破"隐藏的摄影机"的尴尬或迷局，成为不少电影作者和纪录片作者都在实践的议题，如铃木康志郎、今村昌平或原一男的"私电影"尝试，布鲁姆菲尔德、瓦尔达、麦克摩尔、路易·西霍尤斯等的第一人称纪录片《使我疯狂》《拾穗者的故事》《超码的我》《海豚湾》等等。著名的《持摄影机的人》《夏日纪事》等经典纪录片，也包括国内不少的纪录片尝试如吴文光的《治疗》、周浩的《龙哥》等都是这一实践的例子。

原来影像常常被认为是附属于客观现实之上的表演性、情感性层面的玩意儿，影像往往因为"过于肤浅"或"不够抽象"而处于研究的边缘地位，但表述危机后的讨论反而使影像开始受到重视。如同让·鲁什、胡台丽、约书亚·奥本海默等在民族志电影中所实践的那样，遵循反身传统的民族志影像保持着天生的反思和批评的精神，同时在实践上依照以下两个脉络进行。一是通过强调过程性来挑战隐秘的上帝视角，公开描述影像建构，即把制作过程、观看过程作为拍摄对象，从而在具体场景中描述民族志形成过程中的参与性。这是鲁什所提倡的赋权和分享的人类学。一是凸显反身性，即自我呈现的合法性伸张，在影片中哪怕田野对象也有机会来呈现或决定自身形象，从而消解科学主义民族志的看似科学话语造成的弊端，甚至有时也加入即兴的和表演的因素，从而拓展既有的真实、虚构的界限。

以上分类是基于人类对对象世界、生活世界的认识和影像表达传统所建立起来的较为稳定的范式。例如，针对"端午节"，可以拍摄出各种内容不同的纪录片，如展示节日历史演变、手工艺制作、"龙舟赛"等。哪怕是针对同一个拍摄对象，如"龙舟赛"，我们也可以使用以上不同的制作脉络来呈现。阐释型纪录片善于宏观描述与细节呈现相互结合，精细地反映龙舟赛的历史脉络、流变过程、现场细节与背景信息编织的网络。使用叙事型纪录片，则要利用影像叙事的优势，设置角色与故事的架构，设置悬念和伏笔，通过讲述一个关于龙舟赛的故事，来直接呈现或间接反映龙舟赛的意义。如果我们运用先锋脉络来处理龙舟赛，那么我们会充分利用航拍、多机位、移轴、特殊角度镜头、主观镜头、拼贴、戏剧性的蒙太奇、声画关系、节奏控制等，充分展现由影像创新带来的各种"好处"，给观众带来一首关于龙舟赛的"影像诗歌"或"影像舞蹈"，同时也展示出该传统中主体角色的作用。

# 第4章 专题项目的设计

在有以上几方面的准备之后，需要对所要拍摄记录的具体民俗事件或拍摄项目有充分的物质和精神准备，以及可行的执行计划。记录民俗与记录突发事件不同，民俗活动的发生具有一定的可预见性，因此，我们可以专门进行专题项目的设计。

## 4.1 整体构思

一部成功的民俗影视片的拍摄，必须经过长时间、缜密的构思，这个构思需要注重整体性，也就是说注重对一个民俗事项的全程记录。例如，以"端午节"为专题项目，在进行整体构思，或是"编导思想准备"时，需要从以下五个大的方面入手。

（1）拍摄影片最开始就需要明确拍摄的目的。我们需要明确如下问题：这部影片拍摄的目的是什么？观众是谁？针对大众播出吗？是否要突出节庆活动的某些环节？需要讲述该节庆的历史吗？有关方面对纪录片有什么要求？拍摄的角度怎么找？如何展示其中的核心民俗符号？如果拍"端午节"，是将它作为文化传统、非物质文化遗产、民间信仰活动，还是诸多节庆之一？可以记录某人（家或群体）过"端午节"吗？需要专门记录某仪式或活动的细节吗？

虽然一部纪录片最终会涉及上述很多方面，但主要目的必须鲜明。简言之，必须清楚是为了谁？拍什么？用途是什么（如档案资料、大众媒体、教学普及）？哪些需要特别注意的？当然，一部影视作品必然带有某些导演个人化的色彩，那么，还需要明确两个问题：通过这个影视作品，"我"可以展示个人的影视艺术风格吗？"我"如何表明自己的某个理论观点？

（2）清楚具体任务。明确目的之后，就要弄清楚所要拍摄的时间地点、群体、具体人物或事件等细节，包括计划好可能拍摄的时间长度和成片的长度，可能采访的人与话题等。当然，也要清楚此次拍摄是个人项目还是集体项目，以及可利用的各种资源。

（3）制订实施步骤。要针对目的，列出具体的执行步骤。例如，是否或如何将"端午节"的历史与文化语境包括在叙事中；哪些可以做前期或后期采访；哪些场面可以前期或后期拍摄；所拍摄事件的活动流程；哪些音声必须包含；可能需要特写的场面；必须有的核心符合行为等。如果事件活动持续若干小时或若干天，就必须有相应的工作和休息计划，同时又不错过重要的拍摄节点。

（4）制订突发预案：任何计划的实施都有赖于团队的协作，将严谨的执行与灵活的调整有机结合起来。为了达到这样的效果，我们必须制订一些相应的预案，比如，如果端午节那天下雨怎么办？停电怎么办？不让上船拍摄怎么办？现场有管控怎么办？等等。

（5）有意义的个人风格：一部民俗影视作品必然会体现出拍摄者的个人思想和艺术风格，这并不可怕，可怕的是为了凸显艺术风格反而丧失了民俗记录的真实性与科学性。应该说，我们提倡个人风格的存在，但是，要把握好"度"。

其实，一部纪录片，不论是记录"局内人"还是"局外人"，体现拍摄者的个人思想和艺术风格不但是必然，而且是必须。没有拍摄者个人的（反思或自反式）影片，便没有制片人"自我"的存在，就无法有意义地连接"表演者"和"观者"，更难理解影片何以完成，表演者为什么而表演，拍摄者向观众要表现的是什么。但是，个人风格首先是必须要有明确的（学科性）原则立场，也必须是为了影片的主题和目的服务，不能喧宾夺主。将民俗纪录片"美术化"或"审美化"是当前有关民俗的纪录片需要克服和反思的问题之一。

总之，在思考整体构思的时候，我们需要注重"四有"：有宏观影片意识、有镜头画面意识、有协调沟通能力、有后期制作能力。

## 4.2　具体步骤

一个基本原则是：对专题事先的整体构思和具体步骤设计是必要的，但在现场的灵活应对（见第8章）也是同样必要的。要保持积极乐观、虚心学习的态度，在实践中提高、成熟。具体来说，对一个项目的准备要有这些步骤：

（1）项目起步（前期策划）；

（2）研究项目（组建摄制组）；

（3）规划项目（培训与具体分工）；

（4）项目调研（实地考察与观摩）；

（5）拍摄（分工拍摄）；

（6）成片（总结；后期编辑）。

例如，2015年12月20日至31日在美国实习的工作坊，在专题设计时选定了"圣诞节"，进一步，确定了美国俄勒冈州崴涞河谷地区（Willamette River Valley）的节庆活动，明确了记录的主题：公共空间的圣诞节。为此，将工作坊成员分为四个小组，各自负责侧重记录一个小专题：商业中心的圣诞节，日常生活公共空间（街道、普通家庭）的圣诞节，神圣空间（教堂）的圣诞节，圣诞节的世俗化演变。每个小组也明确了每个人的具体责任（当然也有轮换），同时也集体做了有关圣诞节的研究、整体构思和具体步骤策划，包括采访的问题的设计。

但是，通过到现场的体验，大家根据情况做了灵活有效的调整，并进一步明确了要拍摄的核心符号。例如，从原来设计的题目中，经过微分，确认了圣诞树、圣诞老人、圣诞礼物和圣诞（世俗）音乐四个主题，同时也就每个主题确定了具体的人物、地点、时间等拍摄细节。有了这样的计划，整个拍摄任务在紧张而有序的日程中完成了。在审视各个小组的样片中，大家都看到了自己的优缺点，也积累了一批有价值的素材片。

# 第 5 章　影视叙事中的事件与人物

　　民俗是人类共同体集体创造、传承和享用的生活文化。民俗影视是以视觉形式真实地记录和传播民俗文化的音像作品。影视传播的力量来自真实，而真实的力量储存于对具体的事件与人物的叙事中。

　　在此，值得反思的问题是，非物质文化保护活动中拍了许多民俗纪录片，为什么鲜有巨大影响与广泛传播？民俗学界为什么没有拍出公认的影视精品？也许可以说，民俗影视片中对叙事策略的忽视，是重要的原因之一。

　　民俗影视属于纪录片中的一个门类。其发展趋势是从保存走向传播，从小众走向大众。除了有特定要求的资料片（如非遗申报片），所有走向媒体用于传播的民俗影视，都应该使用叙事手段，否则就不"好看"，不能吸引观众。

　　民俗活动的主体是人，人在时间的绵延中展开人生过程，这就是故事。故事是生活之树，民俗是上面的枝叶。或者说，人生是一个漫长的故事，在某些特定时间和特定场合中采取了民俗的形式。

　　拍摄一个民俗专题，就是讲一个生活故事，是一个叙事过程。对拍摄者来说，这个叙事过程是个主动建构的过程。因此，拍摄者必须事先对这个故事有个整体构思设计，进而有

个具体构思,同时又要保留一定的灵活性。(参见:伯纳德 2001)

作为一个叙事过程,叙事者要充分考虑到文本(即拍摄内容,也包括亚文本)、语境(即事件的自然时空和社会时空)、表演者(可能是某个体,也可能是所有参与事件者),以及观众等因素。在此基础上,将一次艺术的交流(即民俗活动)以艺术性的表演展示出来。

叙事是一部影视作品的核心。因此,对此叙事的具体构思,也就是对叙事中的人物或事件的突出,尤为重要。一个民俗传统的传承和实践离不开具体人物和事件。人物与事件是相互依存和衬托的,需要处理好两者的辩证关系。根据所要记录的民俗传统的特点,我们所拍摄的纪录片,有的可能是重点突出人物,有的也可能是重点突出事件,为此,需要对所拍摄的人物或事件有充分了解(如事件、人物、场所与当地习俗传统等),以便在拍摄前就有一个比较具体的构思。

## 5.1 叙事是影视记录的基础

叙事是民俗影视作品的基础或基本工具。它不仅关系到一个叙事是否有传承的生命力,也体现了叙事者的伦理观、价值观和审美观。虽然叙事的内容都是被拍摄下的一个个镜头,但如何组织叙事结构,也就是如果进行影视编辑,是整个作品的关键。

影视叙事就是通过镜头来形成信息的有效传递,它通过一种"可经历的过程"给观众以一种仿真的人生体验。这样的叙事是由多个层面共同构建完成的,包括影视技术层面,如光影、色彩、构图等技术元素，这些是影视的基础部分；影视表意（或思想）层面，借助于影视的构成逻辑传达有关影视之外的话语，也是影视的高级层面；影视叙事层面，它是影视逻辑和结构的最重要部分，也是在视觉上对观众冲击最大的部分，吸引和占有观众。

为此，首先需要理解以影视为载体的叙事是什么，有什么特点。

所谓叙事，简单说就是讲述故事。具体而言，叙事可以分为两个部分，即叙述和故事，或者说"讲什么"和"如何讲"。

罗兰·巴特曾指出："叙事是与人类历史本身共同产生的；任何地方都不存在、也从来不曾存在过没有叙事的民族；所有阶级、所有人类集团，都有自己的叙事作品，而且这些叙事作品经常为具有不同的，乃至对立的文化素养的人所共同享受。"（巴特 1968：2）

什么是叙述呢？在生活中，所谓的叙述就是将事情的前后经过记载下来或说出来。在理论研究中，叙述是把研究成果用一定的方法在理论上再现出来。在文学中，叙述是写作所使用的频率最高的一种表述方法。

叙述的基本特点是陈述"过程"（人物活动的过程，事物发展变化的过程，前因后果，来龙去脉）。

叙述一般包括时间、地点、人物、事件、原因、结果六个要素。叙述与时间关系最为密切。

故事则是通过叙述的方式，讲一个带有寓意的事件。叙述是讲述故事的手段，故事是叙述所要表达的内容。

目前，常见的大量使用叙事的民俗纪录片包括（另见，艾鞠红 2004）：

1）用于学术研究的资料片，如，《佤佤族》；
2）用于文化描述的影视片，如，《最后的山神》；
3）用于文化解释的影视片，如，《台湾节日仪式》；
4）其他：如申报片、观光片、民俗电影等，如，《撒叶儿嗬》《非洲部落葬礼》《父后七日》。

## 5.2 影视叙事原则

概括地来说，影视叙事语法是关于如何通过影视元素的合理调度而使其为叙事服务的科学。影视元素包括视听两方面，单从画面上来说包括景别、色彩、角度、光影、摄影机拍摄方式、构图等。

而在这之中，景别的运用占有重要地位，是影视叙事的基本承载元素。众所周知，景别是指由于摄影机与被摄体的距离不同，而造成被摄体在电影画面中所呈现出的范围大小的区别。

一般来说，景别被分为五种，由近至远分别为特写（人体肩部以上）、近景（人体胸部以上）、中景（人体膝部以上）、全景（人体的全部和周围背景）、远景（被摄体所处环境）。往详细了分则可以分为九种，大远景（人物高度站画面四分之一）、远景（人物占画面高度的二分之一）、大全景、全景、中近景、近景（表现人神情）、特写（肩膀以上）、大特写（强化细节）。

景别的变化使用并不能完全和镜头的三种关系（见下节）相重叠（如并非特写的镜头也可以表现细节），但是却构成了这三个层面的基础,是表现这三个层面内容的手段和工具。我们还可以发现,特别大的景别和特别小的景别都是人眼所陌生的。但是利用人眼相对陌生的景别可以完成高效率的叙事表现。

在对所拍摄的影片的叙事进行具体构思时,还要清楚民俗影视叙事的基本原则。

(1)民间性。站在什么人立场上讲民俗的故事,是一个首要的问题。莫言说自己是"作为老百姓的写作"。作家晓苏提出,写小说要有平民立场、人性立场、世俗立场。这些优秀的作家,都是将自己摆在老百姓的立场上,不是高高在上,也不是置身事件之外,而是在民众之中,以当事者的立场来叙事。这种平民情怀和民间立场,在一些优秀的纪录片中,表现得非常突出,令人感动。例如徐童的《算命》和张丽玲《含泪活着》。

(2)原生性。追求真实的原生态场景,避免人为干扰民俗活动现场。尽可能不使用摆拍。拍摄过程中有特殊需要,要作技术处理(如灯光、造型、历史还原等),也应以"还原"为原则,即以"再现"为目的。

(3)学术性。对被记录对象应作深入研究,并在学术理论指导下进行深描。让观众在民俗表象下看到更深层的东西。以《含泪活着》为例,这部纪录片耗时十年,讲述主人公丁尚彪在35岁时告别妻子和女儿,满怀憧憬,从上海到日本留学后,一家三口在上海、东京、纽约天各一方的生活景象,以及对亲人的思念。拍摄者十年来跟踪研究,仅是拍摄的素材带就多达500多盘。在这样的深入观察下,把中国人那种极强的家庭观念与坚忍不拔的生存意志,表现得淋漓尽致、催人泪下。

## 5.3 影视叙事手段

在人类传播发展史上，大体上经历了三个发展阶段：1）口传时代：故事以行吟和说唱的形式存在，以口口相传的方式传播；2）印刷时代：以文字为媒介讲述的故事，记录和保存在话本和小说中；3）电子时代：以影视为媒介讲述的故事，保存在胶片、磁带或光盘中。目前，这三种传播方式得以并存，而且互相起着不可完全替代的作用。民俗影视的发展就是综合应用电子时代的技术手段，通过多学科的交叉融合，最终创作出合格的影片。

民俗影视纪录片的常用叙事手段包括：

（1）镜头叙事：尽可能通过镜头进行完整叙事。三种常用的镜头包括：关系镜头（全景）、动作镜头（中近景）、渲染镜头（空镜头）。镜头叙事来自这三类画面的排列与组合（参见 www.folkstreams.net 里的影片。这些代表了国外民俗纪录片，大多以镜头叙事方式，突出再现当事人自己的声音。另如，《柏林：城市交响曲》）；

（2）解说叙事：利用字幕解说与画外音解说，例如，《北方的纳努克》；

（3）访谈叙事：以访谈的方式完成叙事，如，《北京风很大》；

（4）混合叙事：将上述手段组合起来叙事。

有关混合式的叙事策略，"这种崭新的'自我反思式'的纪录片，兼收并蓄地混合了各种因素：观察与访谈、旁白与字幕及拍摄者被包含在影片中的'反映自我'的拍摄方式。它明白地指出一项一直未被彰显的事：纪录片一直只是'再呈现'的形式，而从来不是现实的一扇透明窗户。拍纪录片的人一直都是参与者兼目击者，也是主动的意义诠释者，是电影言语的生产者，而不是报道事物真相的中性或全知的报道者。它更强调一种主观作用下的真实，即作者赋予真实的诠释。"
（韩君倩 2006）

## 5.4 影视叙事视角

学术界一直存在着主观视角与客观视角（或者叫表现与再现）之争。一方面，现实是复杂的，多面的，而观察者不可能什么都看，什么都表达。表达什么，选择什么，无疑是主观的。另一方面，纪录片的目的是纪实，要求真实性，自然要求摆脱个人的主观色彩。创作者们永远都在"主观"和"客观"中走钢丝。纪录片历史上的不同流派，常在两种趋向中摇摆。

叙事视角可分成外部视角、内部视角、视角转换等类型，这些类型的叙事视角有各自不同的特点。1）外部视角：故事采取外在于剧中人物的视角进行讲述，我们可以简单理解为"局外人"的视角。中国古人讲"当局者迷旁观者清"，外部视角就是站在"旁观者"的角度来审视事件和人物；2）内部视角：摄像机的视点直接代表剧中某一人物的视点观察和呈现某一事件，我们可以简单理解为"局内人"的视角。这种视角提供的是一种参与者的体验，同时，也通过参与过程考察相关的事件和人物；3）视角转换：叙述视角从内部视角转向外部视角，或者相反。

从叙事视角的功能方面来看,叙述视角决定事件的性质。视角不同,同一事件呈现不同的存在状态。

从理想的角度看,纪录片应追求"主观"与"纪实"的统一。那么,哪种情形下需要用主观的视角,哪种情形下选择客观视角较合适呢?

(1)主观视角的叙事

主观视角的特点:往往使用第一人称叙事,采用大量主观镜头(如俯视或仰视),带有某种情绪因素,并尽量以这种情绪感染观众,使其产生身临其境的情感体验如《穹顶之下》《山里的日子·出嫁》)。

主观视角的优势是:有利于煽情,有利于直接阐释。

主观视角的不足是:易争议(如BBC《我们的孩子够坚强吗?中式学校》,在豆瓣上引起热烈讨论),可能不够全面,甚至偏激,易受作者认知水平的局限和强势话语的支配。

一般来说,在民俗纪录片中,价值认同度高的对象较宜使用主观视角(如非遗),有争议的宜用客观视角(如宗教)。

例一:主观视角的煽情作用,如《穹顶之下》。冷静分析起来,柴静女儿的病与雾霾似乎并无直接关系。但母爱,为了孩子去与雾霾战斗,很容易激发观众的情感。在强烈的情感中,一些细节问题就被淹没了。这就是主观视角的优势。

例二:坚持用主观视角做纪录片,如,张以庆的《幼儿园》《舟舟的世界》《红地毯上的日记》《英和白》等。张以庆认为,"我一向坚持纪录片是一种非常个人化的、私人的东西。它是作者个人描述解释世界的一种方式。""你要记录'纯粹'的'客观'的现实,但却无法把自己排除掉,更不要说后期剪辑的过程,所谓'客观'便成了自欺欺人的说词。""我就是要用暗示、对比、强化等手段,表达我所要表达的东西。"

(2)客观视角的叙事

客观视角的特点:常常采用第三人称叙事;多用客观镜头(平视);观众较少参与意识,旁观剧情的发展。客观记录的叙事方式反对使用大段大段的解说,主张不干涉拍摄对象,保持生活的原生态,强调取材的客观性。它要求创作者深入生活,从中提炼细节、情节乃至故事。但绝不干预被记录者的生活。

例如,《人生七年》系列。选取英国不同地区和家庭的14位孩子,记录他们的生活、言谈和想法,从1964年拍到2012年,每7年一次,从7岁已拍到56岁。完全是原生态的生活,真实的人和真实命运。其中以"阶级"为主线,通过这些孩子后来的生活,证明人的社会地位是否真的是"七岁看老"。结果是:绝大多数人无法改变儿时就已形成的阶级地位。但少数人通过长期的努力,特别是高等教育,可以改变人生轨迹。

(3)第三人称叙事的三种类型

客观叙事虽常用第三人称,但二者并无必然关联。

全知视角:知道一切,包括被拍摄对象和观众所不知道的东西。优点是适宜于作者阐释,尤其是有深厚学理支撑的解析。

受限视角(亦称内视角):从作品中某个人物的角度能看到和理解的东西(如文学中的疯子角度、女性角度、傻子角度、儿童角度、鬼魂角度等)。优点一是从特殊角度来观察世界,会产生特别的效果;二是易让人产生身临其境的真实感。

一般视角（亦称外视角）：与观众的认知保持同步。客观记录被拍摄对象表现在外部的行为和语言，不能直接表现心理活动，只能交由观众自己去评判。由于不作解释和说明，所以展示的仅仅是与过程同步的客观事实。在文学中，这种"不知性"带来两个优点：富有悬念，留有空白。

## 5.5 影视叙事结构

在纪录片创作中，叙事的结构，是对素材进行选择和处理的过程，也是创作者通过素材的挑选和组合，表达自己对生活的认识和感受的过程。也就是说，叙事结构是创作者赋予素材以涵义和解释的重要手段和形式。一部纪录片质量的高低和思想意义的深浅，不仅取决于纪录片拍摄内容的好坏，更取决于对于这些内容的剪辑与组合。所以，叙事和结构对于作品的意义，在某种程度上要重于素材本身。

从技术层面，一般电影的叙事结构是把故事放在因果关系和时间顺序中展开。总体框架由一个基本序列构成，分为开端、发展和结局。例如，全剧120分钟，可如此划分：

| 开端30分钟 | 发展60分钟 | 结局30分钟 |
| \|—————◎—\| | —————◎—\| | —————\| |
| 建构部分 | 对抗部分 | 解决部分 |
| 1/5 | 3/5 | 1/5 |

通过情节点（即一个偶然事故或事件的发生，它连接动作并且把它转向另一个方向），可做如此划分：

（1）开端：某一情景的出现，必须具备四个要素：发生了什么事情；主人公出场；在主人公周围活动的人物，包括反派人物和正面人物，并显示出他们与主人公的关系，主人公的欲望和渴望达到的目的。

（2）对抗部分：主人公在实现这一目标中出现的各种障碍、各种阻力和冲突。必须具备的要素是：险境和困境；克服障碍冲出险境的具体过程。

（3）结局：整个故事的结果。必须具备两个要素：主人公的目的是否达到，成功还是失败。对其他人物的交代。

针对民俗影视纪录片，可从线性结构和板块结构两大类来设计。如果题材是事件性的，多采用线性结构；如果题材是概述性的，则多采用板块结构。

（1）线性结构：分为单线结构、双线结构和多线结构三大类，根据线索交叉与否又派生出双线平行结构、双线交叉结构和网状结构。线形结构最主要的特点是有一条乃至多条贯穿全片的线索，这条线索可以是内在的、逻辑的（如《父后七日》的时间线）；也可以是外在的、形式上的（如《英和白》中的电视）。对于比较复杂的叙事，使用线形结构的片子往往要用两条或两条以上的线索。线形结构可以使复杂的叙事变得条理清晰、紊而不乱（如《藏北人家》）。

（2）板块结构：是按照人物、时间、地域或主题的不同，将不同的内容分成不同的部分，部分与部分之间可以互无联系，也可以有起承转合的一种结构方式。如《祖屋》是一种传统的板块结构，共分为五个板块，每个板块都配有一个小标题，他们依次是："祖宗风水""耕读世家""族上人物""仁者爱人"和"红白喜事"。尽管五个板块都是围绕"冯琳厝"这个祖屋展开的，但是这五个板块彼此之间没有什么明显的外在的联系。使用板块结构最好是有张力的题材，否则，由于板块和板块之间缺乏内在的必要关联而使整部片子显得零散。

## 5.6 突出人物的记录与突出叙事的记录

人物指的是传统的传承人；每个人都是传统的传承者。叙事表面传统是通过事件连接起来的。事件主要是通过叙事将人物、行为、环境等连接起来。叙事不但是"文本"本身，也包括不同"语境"等必要元素。

这也是侧重"民"还是"俗"的问题，是民俗学的一个核心问题。当然，要根据具体项目来决定如何从不同视角来展现两者的关系。要清楚，虽然可有侧重，但是，两者是不可分的。

一、民俗影视中人物刻画的意义

（1）所有民俗都是为民众服务的，不了解民众的需要，就不能真正了解民俗，就只是看热闹或看稀奇。

（2）研究民俗的目的，是为了改善民众的生活或精神面貌。如果只有民俗现象，没有民俗中的人物，对民俗的理解就难以深入。

（3）民俗纪录片是给人看的，如果不能深入民俗背后的生活世界与情感世界，这种纪录片就难以引起观众的共鸣。

（4）拍好民俗影视中的人物，能使纪录片以叙事方式展开，有情节，有故事，加深观众对民俗事项的印象。

民俗影视是对原生态民俗的科学记录，主要用于学术研究。只能从生活来，不能有任何虚构和伪造。即使做历史还原，也尽可能不要失真。

二、民俗影视中人物刻画的基本手法

（1）肖像描写：用特写或近景，把民俗活动参与者的形貌、表情、衣饰、姿势、风度等方面，用生动具体的语言描述出来。肖像描写重在表现人物在参与民俗活动过程中的独特性格、由民俗活动所激发的特殊情感等，以"形"传"神"，通过人物的外部特征来揭示民俗活动对民众生活和心理的深刻影响。

（2）语言描写：最易展示人物性格，它可以充分、细致地将人物的内心世界袒露出来，因此，要特别注意记录研究对象的自我表达，特别是那些富有个性特征的话。语言越独特，越能刻画出人物的特点。与民俗活动关联越密切，越要注意采录，使民俗与活生生的人联系起来。

（3）动作描写：就是让人物用行动来表现自己。行动最能显示人物的性格特征。人物的一举手、一投足、一个姿势都能很好地表现人物的性格。这里所说的行动，不是人物的一切行动，而是最富有民俗意义，或最能显示人物性格，或推动民俗进程的那些行动，如果有一些习惯性的动作或下意识的举止则更好。

# 第6章 伦理准备

目前,中国民俗学界在民俗与法律,民俗与伦理等方面没有大家认可的或可执行的学科或田野作业"伦理规则"(参见附录一)。相关的人类学、社会学、心理学等学科也没有。不仅如此,对伦理的研究和关注也很有限。在构建类似的学科"伦理规则"时,我们可以借"他山之石",但是,不同文化和社会背景需要有相应的不同伦理准则,不能照搬,切实可行的伦理规则是基于特定文化价值观的伦理实践。

对民俗影视工作者来说,对伦理常识的关注和掌握要体现在日常生活和学习中,践行于实地调查或田野作业中。不论是在准备进入现场或已经在现场,还是后期编辑或展示成果,头脑中不但要有伦理这根"弦",而且要时刻把这根弦"绷紧"。要加强自身在传统伦理方面的修养和实践。要在准备阶段思考一些基本的原则和常识问题。

## 6.1 基本原则

以影视方式进行现场记录所涉及的伦理问题,要比传统的纸笔记录(甚或录音)方式的田野调查所涉及的更复杂,也更有认真学习、实践和反思的必要。

民俗影视记录所涉及的伦理问题，从当事人层面，至少直接涉及三个方面：该拍摄项目所涉及的法律和规则问题，拍摄者的自我权益（包括名誉和良知），被拍摄者的权益。其实，这些原则的前提是：是否把被拍摄者平等地看待。这也是田野工作的最基本的伦理原则。从拍摄项目角度，要考虑到所拍摄的作品对民俗传统的传承和实践的影响，以及可能的学术、社会、经济、政治，以及法律影响等。当然，还有与参与拍摄的同事、现场的"旁观者"等的关系问题。充分尊重伦理，按照伦理原则进行拍摄是每一个民俗影视工作者应当坚持的原则。

在实践上，一方面要遵循学科的原则（见前言）；另一方面要遵循传统价值观，特别是所要记录的群体的当地伦理行为规范。的确，"人类的日常交际、交流，社会事务的决策、处理，都有赖于传播伦理"（陈汝东 2006：1）。民俗影视记录不仅要遵循特定伦理规范，也要为捍卫和传承这些规范做出贡献。

民俗影视记录的最基本原则是要尊重和保护被拍摄者（被记录者）的尊严和权益。对此，民俗影视记录者的良知有时比明文规则更重要。如何具体掌握伦理的基本原则，可以从下面的一些问题中得到体现。

## 6.2 基本问题

在民俗影视纪录片的拍摄和使用中存在两个突出的问题：总体上缺失对伦理问题的涵盖和讨论；忽视与所记录的民俗相关的传统价值观，反而重视国外的学科理论和方法。

例如，被列为"新世纪高等学校教材"、"国家规划重点教材"的《纪录片：影像意义系统》（钟大年、雷建军 2006）就没有关于伦理的论述。另外，该书所列的"参考文献"共有37部，其中，纯英文著述有7部，翻译成中文的著作和文集有14部，中文著作和文集有16部。中文著作中只有3部属于对影视纪录片的研究，其他都是有关语言文化艺术和美学研究。当然，值得高兴的是，该书在最后的两个小节论述了"文化侵入"问题，强调了近年中国一些优秀纪录片对传统价值观的维系："爱人修己"的道德完善，"中庸和谐"的宽容品格。但是，为什么这些根本的问题不能被提到更重要的教学大纲或科研立项等问题上？

伦理问题不只是观念上的问题，更重要的是日常行为上的表现。民俗影视以其独特的关注视角和叙事手段，通过尊重人类与自然生生不息的文化传承力，依据美与崇高的价值观，塑造传统生活的丰富与创造力，这是其深层内核。因而，民俗影视记录，不是文明对于愚昧的猎奇，不是先进对于落后的俯瞰，而是充满人文关怀的人类平等的对话与交流，是对于民俗生活的尊重与礼赞。借助于民俗影视，民族与民族之间、人与人之间达到交流与理解的目的。这也正是民俗影视无可比拟的魅力所在。为此，民俗影视工作者首先要能进入生活、走向民间，要有包括物质生活和感情生活两个方面的心理准备和体验。要有吃苦的准备和能力。一旦与被拍摄对象有了感情，就不会去拍猎奇的画面。哪怕拍一间破茅屋、拍一位破衣烂衫的劳作者，也会通过画面展现个体生活的意义和社会紧张。只有这样，民俗影视记录才有真正的价值。

这里特别要提到一个案例：著名人类学家列维-斯特劳

斯在1930年代到巴西做过人类学田野记录，也拍摄了大量照片。近60年后，他出版了那次考察的影像民族志画册《巴西回忆》（1994）。稍后，他当时的巴西助手，卡斯特罗·里亚，也出版了一部同行时自己拍摄的图片集《另外的观看》（2001）。前者要展现的是自己想象中的"田野"，经过裁剪过的（或是当时用不同景别和景深）画面，一种"原始"。因此，照片中的人物都是在"原始"的背景前的各种动作。可是，后者展现的则是当时的社会发展现状：同样的人物，在同一时刻，所处的背景中展现出前者所没有的房屋、栅栏、电线杆等"现代"村落的迹象。（详见：邓启耀 2013：12-16）

由此可见，无论是通过景别还是后期剪裁，都可以有意识或无意识地再现或消除"背景"，从而达到论证个人理论观点的目的。但是，这绝不是一个支持某个理论观点的问题，更重要的是对一个文化的现状的尊重、对人类文化发展进程现实的尊重，是一个人的信仰与价值观的表现。这不是对特写画面的真实性的质问，而是对拍摄这样画面的目的的质问。这也正是我们始终追问的"为何如此"（so what?）的原因。

## 6.3 基本准备

伦理问题，不仅仅是职业道德问题，也是个人素养问题；不仅仅是学科问题，也是不同文化价值体系问题。所以，准备下面提到的问题时，也要思考这样一些大问题：民俗的影视记录仅仅是个学科问题吗？民俗影视记录是尊重传统或传承人的最佳方法吗？还有什么价值？民俗的影视记录与该文化的价值观有什么关系？民俗影视记录是记录"我们自己"还是"他者"？谁拥有所记录的文化（民俗）？谁，在以什么方式，为了什么，为了谁进行影视记录？

一、准备拍摄项目

（1）将要拍摄的项目对被拍摄者有什么利益和伤害（名声、财产、社区关系等）？

（2）将要拍摄的项目与现行的法律或规则或当地习俗或信仰有冲突吗？

（3）将要拍摄的项目是研究该群体或个人及其传统的最佳或唯一手段吗？

（4）如果不进行此拍摄项目会对该传统或该群体有什么消极影响？

（5）将要拍摄的项目需要事先得到被拍摄者的许可吗？

（6）自己将进行的拍摄项目在什么程度上影响到个人的名和利？

（7）如果作品为自己带来了名利，如何处理这些名利与被拍摄者及其群体的关系？

（8）如何比较个人与被拍摄者的得失？

此外，要明确是否处理好了这些准备工作：书面（或录音）的许可声明文件；证明自己身份的信件；与采访对象事先约定；采访对象或联系人的联系方式；采访对象或相关人的称谓；向采访对象说明拍摄目的与用途；拍摄事件的联系人等信息，等等。

二、准备现场拍摄

（1）所有拍摄的场景和镜头都需要事先或事后得到被拍

摄者的许可吗？

（2）对被拍摄者的群体，在拍摄过程中和之后，需要做什么说明（或者，有什么积极和消极影响，如何避免可能的消极影响）？

（3）是否准备好应对可能出现的情况（如，被拒绝拍摄或采访？）。

（4）是否协调好了与同事的合作关系？

（5）是否协调好了与现场有关人员的关系？

（6）是否处理好了相关人员的隐私问题？

（7）是否以口头（录音或录像）或书面的形式得到了被拍摄者的许可？

此外，要确认是否已经了解或熟悉了这些情况：当地特别的节庆或日子；当地有关辈分、性别、年龄的称谓与禁忌；需要注意的穿着（当地禁忌、习惯）；需要注意的言行（当地禁忌、习惯）；需要注意的饮食（当地禁忌、习惯）；需要注意的行为（当地信仰）；等等。

三、后期编辑与成果展示

（1）所拍摄和所编辑的成片在传播或发表之前需要再次得到被拍摄者的认可吗？

（2）如果拍摄和编辑出的作品得到社会或学科（甚或被拍摄者）的批评，如何处理与被拍摄者及其群体的关系？

（3）目前没有得到许可的拍摄将来可以使用吗（因为影片会存在很长时期，也会在很广的范围传播）？

（4）如何对成片署名？

（5）如何处理同事、辅助人员的署名或报酬问题？

（6）如何处理被拍摄者或其社区有关人员的署名或权利问题？

（7）如何处置或保管素材片、不同样片，以及成片？

（8）如何签署涉及利润和权益的出版或商业合同？

# 第7章 清单（出发前）

每次实地调查或拍摄时，除了上述的技术、知识、伦理方面的准备外，还要有充分的物质准备。已经有了很多有关田野作业方面的书籍，但还是要强调一些涉及学科特点的问题，例如：个人隐私问题；对笔和本的熟悉与对影视器材的陌生（恐惧）；文本记录与影视记录的配合；背景记录的完整性；应对文字记录、采访提问以及控制拍摄器材；等等。还要再次确认：设备就是眼睛。良好的职业习惯是影视拍摄者从起步就要培养的，例如，及时现场清点，离开现场后第一件事情就是充电，及时拷贝备份，随身携带摄像机和脚架，准备各种天气条件下的设备防护措施（如冷热温差和潮湿度突变）。可利用以下清单培养良好的习惯和意识。

## 7.1 拍摄设备

|  | 是否备好 | 备注 |
| --- | --- | --- |
| 摄像机 |  |  |
| 摄像机电池 |  |  |
| 备用电池 |  |  |
| 充电器 |  |  |

续表

|  | 是否备好 | 备注 |
|---|---|---|
| 充电电源插头（转换器等） |  |  |
| 摄影机 |  |  |
| 备用镜头 |  |  |
| 镜头布等镜头清洁 |  |  |
| 脚架 |  |  |
| 话筒 |  |  |

## 7.2 拍摄任务

|  | 拍摄对象或目标 | 备注（完成情况） |
|---|---|---|
| 是否了解所要拍摄的活动的进程 |  |  |
| 是否了解所要采访的人的情况 |  |  |
| 是否了解拍摄场地或位置（如室内或室外） |  |  |
| 是否了解可能的天气变化 |  |  |
| 现场是否有其他活动（音乐音量；多场地同时活动） |  |  |
| 是否需要随机的采访 |  |  |
| 必要画面的拍摄 |  |  |
| 必要的音声采录 |  |  |
| 外景的拍摄 |  |  |
| 第一天/第一次拍摄的核心任务 |  |  |
| 第二天/第二次拍摄的核心任务 |  |  |
| 以此类推，其他 |  |  |

## 7.3 进入现场

|  | 是否备好 | 备注 |
| --- | --- | --- |
| 现场接洽人联系方式 |  |  |
| 与周围人的熟悉 |  |  |
| 居住地点(房屋;人家等) |  |  |
| 穿着是否得体 |  |  |
| 当地言语习惯 |  |  |
| 与当地人一起适应拍摄设备 |  |  |
| 寻找最佳和可能的拍摄地点 |  |  |
| 了解最佳和可能的拍摄时间 |  |  |
| 个人或团队的角色和任务的调整 |  |  |
| 与摄像同步录音记录设备 |  |  |
| 无摄像的录音设备 |  |  |
| 摄影机静止画面记录设备 |  |  |
| 文字记录设备 |  |  |
| 事件的亚文本的记录 |  |  |
| 镜头之外的事件语境记录 |  |  |

## 7.4 行程与行囊

|  | 是否备好 | 备注 |
| --- | --- | --- |
| 个人身份证件 |  |  |
| 旅行证件、票据;行程单 |  |  |
| 中转与中转地注意事项 |  |  |
| 应季衣物(件数等) |  |  |

续表

|  | 是否备好 | 备注 |
|---|---|---|
| 特别衣物（雨伞；雪靴等） |  |  |
| 应急药物（处方或非处方） |  |  |
| 应季的备用卫生健康用品（防过敏；防蚊虫；防毒虫等） |  |  |
| 旅行洗漱用具 |  |  |
| 特别备用食物 |  |  |
| 各种拍摄设备 |  |  |
| 1号行李（内容） |  |  |
| 2号行李（内容） |  |  |
| 3号行李（内容） |  |  |
| 其他安全防护设备或手段（手机；手电筒；太阳镜等） |  |  |
| 当地的医院、车站等信息 |  |  |
| 与团队、家人等的联系 |  |  |

# 第二篇　拍摄与记录现场

核心提示

（1）既要遵守计划，也要灵活应对；
（2）践行伦理原则，入乡随俗，协调好各种关系；
（3）钻研影视叙事，用画面强调民俗传承中的核心符号；
（4）处理好"我"与"他者"的角色关系；
（5）培养对现场（民俗事项）的敏感，捕捉任何可能有意义的镜头；
（6）管理维护好拍摄设备；
（7）保持身心健康，做到生活安全，精神愉悦。

拍摄和制作民俗影视作品不仅丰富了纪录片的风格与内容，也意味着一个新的学科领域的形成。虽然民俗学者和人类学者在田野中已经普遍运用了影视记录的方式，但常常仅仅是为了把自己研究所需的资料像"笔记"一样记录下来，缺少将民俗的影视记录作为学科的必要组成部分的意识。为了构建民俗影视这个学科领域，有必要通过现场拍摄与记录的锻炼，从经验教训中摸索出符合中国文化逻辑、审美和伦理的发展道路。

# 第 8 章　遵守计划与灵活应对

在现场，不但要知道所记录的事件的进程，判断必须记录的场面的时间和角度，还需要有对上述的技术（如摄像构图、画面造型等）的熟练运用。当然，还要根据经验，预想可能要应对的任何突发情况（如天气变化、事件突然暂停或改变、人物关系或情绪突然变化等）。通过每次拍摄，汲取教训，总结和积累经验，做到事先充分了解专题项目与当地文化传统，这样才能在现场"如鱼得水"。

一部影片的拍摄，就是一项系统工程。在拍摄之前，要在勘查现场、田野调查的基础上，制订出一份详细的工作计划（具体制订计划的方法、步骤见本书前面的章节），并将各项任务分解、落实到每个人。工作计划是指导本次拍摄的总纲，也是确保计划顺利推进的重要文本。尽管如此，在实际的拍摄过程中，会遇到很多不可预料到的问题，因此，必须坚持计划的刚性与弹性相结合，也就是严格遵守计划的大方向不变，同时，结合实际情况灵活调整。

## 8.1　技术运用

概括起来，技术运用涉及这些方面：如何定机位，如何利用光线（室内与室外），如何在画面中包括或不包括自己，如何拍摄节庆（仪式，表演）场面、游行（运动）场面及固定谈话场面（室内与室外）。具体要注意以下方面。

一、技术管理基本准则

（1）真诚服务，高效有序
（2）多向沟通，确保摄制
（3）宽严相济，人性管理
（4）科学操作，爱护机器

二、技术管理案例

现场拍摄涉及很多的技术问题，包括各种设备的使用。要制定出一份详细的使用规范，如，"某某摄制组摄影摄像设备管理办法"。

（1）设备出借。摄影摄像设备由摄制组安排专人负责管理，设备管理员是所有设备的第一责任人。设备借出前，管理员应会同借用人一起仔细检查设备、核实附件数目并记录设备状态。使用者必须了解设备性能并能熟练、正确使用设备。在借用设备前，使用者应确保已具备正确使用设备的知识，并接受相关人员的考核。管理员必须督促使用者开机试机。

（2）设备保存。摄影摄像设备是摄制组公共财产，必须妥善保存。管理员应将各种设备详细登记造册，并且做到每日一清，防止设备丢失。长期不使用的设备，应定期开机检查其功能状况，保证能够随时投入使用。

（3）设备的检查与维护。管理员应定期对设备进行清点和检查并记录备案。检查内容包括设备类型、设备目录、设备状态、损耗情况、附件情况、备注说明等。管理员应定期向摄制组通报设备的使用、管理和维护的情况，以便大家对设备的整体状况有明细的了解。

（4）设备使用。使用者要爱惜设备，谨慎使用。在外出采访时，摄像机、照相机要尽量随身携带。实在需要托运时，应当选择硬箱放置设备。避免在恶劣环境中，如严寒、暴晒、多尘、潮湿、风沙等情况下使用设备；实在避免不了，也要做好防护措施。未经允许不得更改设备设置，如遇特殊情况必须更改，则需在归还设备前还原，并详细告知管理员。使用过程中，如果遇到机器突然故障，使用者必须立即联系现场导演或制片人，请其一同查看，并将故障情况及时报告管理员。

（5）设备归还。归还设备前，借用人必须对设备的各项参数进行还原，还应对设备进行必要的清洁，确保机器卫生整洁。归还设备时，借用人必须开箱、开机展示设备的状况，同时，对有需要说明的问题进行说明。管理员应认真检查设备，如有损坏要及时建档，并责成使用人进行相关赔偿。

（6）损坏赔偿。设备使用损坏，必须有相应的赔偿。在拍摄过程中，借用人在正确操作、正常使用的情况下，或遭遇不可抗意外而导致设备损坏，借用人不承担责任，不需要赔偿。在拍摄过程中，借用人违反设备操作及使用规定，造成设备损坏，要承担责任并进行相应赔偿。

## 8.2 人际关系

人际关系，也称为人际关系论。一个摄制组由众多的人组成,这些人又分成各种工种,不同的工种的团结协作才能成就一部优秀的影片。因此,重视剧组人际关系是创作成功的基础。一些基本原则包括:尊重被拍摄记录对象;尊重民俗传统的实践自身;以平等的心与被拍摄对象交朋友;从乐观的态度面对现实;以专业的眼光发现和记录核心符号(将镜头画面与文字记录有机结合起来);谦虚和诚实地将拍摄经历作为个人修身和专业学习的机会等。

归纳起来,维系人际关系的原则(不论是个人拍摄还是摄制组拍摄)要注意:

| 人际关系 | 主要原则 | 其他原则 |
| --- | --- | --- |
| 摄制组内部 | 相互原则 相容原则<br>理解原则 伦理原则 | 平等原则 |
| 摄制组与被拍摄者 | 平等原则 信用原则<br>理解原则 伦理原则 | 交换原则 相互原则<br>自我保护原则 |
| 摄制组与有关行政机构 | 信用原则 理解原则<br>伦理原则 | 相容原则 |
| 摄制组与民俗活动主办方 | 相互原则 伦理原则 | 交换原则 自我保护原则<br>平等原则 相容原则<br>信用原则 理解原则 |

## 8.3 学会提问

任何现场调查(或田野作业)都必须特别思考"如何提问"这个常被忽视的问题。这也是相关学科的大问题。这里要特别注意:如何恰当运用"明知故问"以便让讲述者说出所需要的内容;如何询问到民俗事项的核心内容;要平等对待被采访者；要平等对待可能的观众（不要假设观众"无知"）；要习惯利用日志文字来记录自己的发现和反思；关注"正式拍摄"前后的有价值的内容。（参见附录二中有关采访提问部分。）

具体执行中要注意：

（1）谁问谁什么问题（即采访要点）；

（2）怎么提问（句式、用词、语气等）；

（3）事先准备哪些问题；

（4）如何问到所有问题而又不僵硬地看笔记；

（5）如何提即兴问题；

（6）如何注意到（挖掘）问题之外的，但有价值的内容。

## 8.4 环境条件

在拍摄之前，要留有足够时间熟悉现场。到达现场后，要在当地走一圈，熟悉周围的住宅、学校、商店等。要想象带上"民俗眼镜"，对一切都从新的角度去观察。同时，把所见所闻的民俗事项记录下来。不带设备的游走，不仅有助于自己熟悉现场的布局、建筑和音声等情况，也有助于当地人熟悉自己的存在，以便在接下来的采访和拍摄中缓解气氛，加快角色的进入。

利用或自己画一张当地或现场的地图，在巡视散步时标注所见所闻的民俗事项的发生地点。由此熟悉当地民俗活动的场所与规律。

（1）对自然条件的变化，要有事先准备，如是否是在梅雨季节、多风或下雪的季节。所以，民俗纪录片拍摄者要培养关注天气预报的习惯。但对于天气的突变，要冷静应对，人员的安全、设备的维护，都要考虑。当然也要考虑继续拍摄或终止拍摄对被拍摄者的影响，要尊重被拍摄者的意见。

民俗摄制组在前期考察和现场拍摄过程中，要结合当地的气候，选择合适的拍摄时间，并在设备的选择、拍摄机位的安置等方面做出适当的规划。结合地貌情况，可以考虑是否需要航拍，是否需要摇臂等问题，还可以考虑声音如何采集、拍摄如何构图等细节问题。结合当地生物的情况，我们必须考虑生物与住民之间的关系，他们之间介入程度的大小，是否需要专门拍摄等。

（2）社会环境包括物理社会环境（房屋等建筑物、道路、工厂），生物社会环境（驯化、驯养的植物和动物），心理社会环境（人的行为、风俗习惯、法律和语言）等。对此要注意社会环境中那些具有特色的标志性的物体的拍摄，例如土家族独具民族特色的房屋、西双版纳的孔雀等；要特别重视民俗语言、神态的记录，并在拍摄的过程中充分尊重当地的民俗习惯。

（3）对非自然条件的突变，也要冷静应对。例如，上面提到的2015年在美国拍摄圣诞节庆祝的工作坊的经历，就包括这样一种突变。原定设计拍摄圣诞节在一个天主教堂、一个基督教堂和一个华人福音派教堂的圣诞除夕庆祝场面，包括参访什么人等。但是，在傍晚出发前，情况有了变化。经过商量，决定取消拍摄计划，但各组人员继续参与观察。事后看来，没有现场拍摄教堂的庆祝是个正确决定。大家又根据实际情况，修改要聚焦的核心符号。最终，突出了圣诞节在"世俗"的公共空间的庆祝，反倒使整个拍摄的专题更加主题鲜明，符号具体。所以，在遵守计划的同时灵活应对突变条件是现场拍摄和记录必要的心态和能力。

总之，拍摄环境也是整个影视叙事必不可少的"语境"，对整个事件记录和研究有着重要意义。影视拍摄者要学会合理有效地利用自然环境。

# 第 9 章 寻找最佳视角与记录核心符号

民俗影视拍摄兼具学科的科学性与审美的艺术性。民俗影视作品不但要从最佳视角记录和展示民俗活动，还要准确地发现、忠实地记录所拍摄的民俗事项的核心符号。最佳视角强调画面的展现，核心符号强调的是传统的生命力。只有这样的作品才具有认识和研究该事项的传承机制、继承或"复兴"该传统的价值。为达到这个目标，还要坚持求真求善的信念。

## 9.1 最佳拍摄视角

镜头的角度，对表达内容起着至关重要的作用。在民俗影视的拍摄过程中，寻找最佳的拍摄视角必须贯穿拍摄的整个过程，要注意以下几个方面。

一、合情合理地选择机位，灵活应变

在前期考察阶段，摄制组成员必须确定好几个拍摄地点，为正式拍摄的时候布置机位奠定基础。一般说来，好的机位需要具备几个条件：

（1）视野开阔，不被遮挡；
（2）便于操作，尤其是便于随时调整机位；

（3）在不影响民俗活动的前提下，能够捕捉到民俗活动的关键细节；

（4）根据特定机位的要求，可以完整完成拍摄任务；

（5）光线充足。

许多民俗表演环节是一次性的，不太可能有后期补拍镜头的机会，因此，在拍摄的过程中，必须通过多机位的联合攻关，确保核心符号的拍摄。例如，在拍摄湖北凤舟竞渡的过程中，其中有一个为凤舟点睛的过程非常重要。摄制组在考察现场后，专门在点睛台附近的前后左右布置了4台摄像机，并对每个机位做了具体的安排。当点睛仪式开始时，四台机器同时启动。这个仪式比较复杂，尤其是点睛时，道士拿起一只公鸡，用嘴快速地咬破鸡冠，立即将流血的鸡冠在凤舟的凤眼上左右点了一下。很快，道士双手一抬，将那只公鸡向天上放飞了。整个环节大概不到1分钟。这个过程被两台摄像机同时记录下来，而且还首次拍摄到了点睛的特写镜头。可见，联合攻关是拍摄民俗核心符号的重要手段。

如果是单机拍摄，拍摄者一方面要保持灵活应对，另一方面要做好充分准备，知道在什么时候和什么角度可能拍摄到最重要的镜头，或核心民俗符号，以达到拍摄项目的目的。

二、熟练运用镜头视角，体现创造性

民俗影视与其他一些纪录片的不同在于它更强调核心符号的记录。过多的大场面或不当的特写恰恰把核心的符号忽略掉了。如上述"点睛"仪式，倘若将此时的镜头聚焦于参与仪式的某个体或仪式音乐的表演者，那么，所记录的主题和目的就不一样了。这不仅是机位的问题，也是运用镜头的问题。

从技术层面说来，摄像机的镜头在拍摄的现场会用到平视、俯视、仰视等角度，这些角度有其特点。各种拍摄角度对比如下：

| 拍摄角度 | 视角 | 特点 | 用途 |
| --- | --- | --- | --- |
| 平视 | 摄像机与被摄物体大致在一个水平线上 | 透视效果好，不易产生变形 | 多用于采访 |
| 俯视 | 摄像机位置高于被摄物体，从上向下拍摄 | 视野辽阔，场面大，景物全，纵观全局 | 多用于拍大场面 |
| 仰视 | 摄像机低于被摄物体，从下向上拍摄 | 可使景物拍得宏伟、高大 | 多用于拍建筑物、高台跳水等 |

值得注意的是，在选择高低角度的同时，还要对被摄对象的横向角度加以选择。角度的选择，主要服从于内容的需要。哪个角度最能体现被摄物体的特征，最富有表现力，最符合民俗影视作品的需要，就在哪个位置拍摄。

此外，航拍越来越普及可行，成为民俗活动拍摄过程中的标配。它可以通过大场景的拍摄，让观众对现场情况一目了然。例如，在拍摄湖北咸宁大屋雷村端午祭月活动中，摄制组就专门安排了航拍，在巡游、祭月等环节。在祭月的环节，由于祭月台面临着一个池塘，隔着池塘，祭祀者正面无法布置机位。航拍设备多次从池塘上面飞过，以低机位的方式拍摄全场，弥补了祭祀过程中机位不足的缺憾，也捕捉到了诸多的细节，体现出表现手法上的创造性。

### 三、以景别和景深展现"语境"

除了运用上述的机位和镜头来捕捉核心符号外，还要特别注意运用景别和景深来展示民俗表演或事项的"语境"（即表现社会、文化、经济和政治等背景的画面）。

例如，对一些传统工艺或表演（如风筝的制作，或有特色的舞蹈中的眼神或手势）的记录，可能需要在合适的视角较多使用特写和跟拍。但是，这样做的同时，可能忽略了一些重要的问题：比如，将一位风筝制作者在桌前做风筝的过程都用近镜头记录下来了，但这样可能忽略了整个事件的"语境"：即，他是在自己家里或庭院做，还是在教室或舞台上做？他住在土坯房还是新的楼房？旁边有没有人，或有什么样的人？这些语境问题对理解"做风筝"这个传统的传承有着重要意义。而这些可以通过恰当运用景别和景深来展现。

四、音声语境

语境还包括音声的记录。例如，在仪式活动中，捕捉到了类似上述的"点睛"等重要环节，但是如果忽略了仪式之前和之后的音乐，没用画面或录音记录，那么，这就不是完整的仪式记录。对从音声角度研究这个仪式的人来说，这样的记录价值就大打折扣了。因此，在现场将镜头与音声有机结合在一起是很重要的。

五、文字记录的语境和视角

文字记录是必不可少的语境和视角，也是镜头画面无法捕捉的重要部分。例如，对某个表演的记录，如果镜头聚焦于表演者，那么观众的反映表情就可能得不到记录，即使有多部机器记录，也可能忽略某个重要的场面，而记录者所见所闻可能是镜头无法拍摄到的。或者是有些即兴访谈或聊天，所获得的信息可能很有价值，但也不是镜头所能捕捉到的。当然，除文字记录外，作为文本，有用的器物或象征物也是需要展现的。

六、反思的视角

语境也包括拍摄者自己。这是"反思"（或自反）式田野作业的一个重要方面。通过对话等互动，完整记录一个事件叙事的"因"与"果"、"主位"与"客位"等关系。恰当地将拍摄记录者自己置于画面、声音或其他语境中，是完整的民族志（民族志）必不可少的。

总之，机位、镜头角度、景别与景深、音声与文字的包括、拍摄者的角色，这些都是最佳视角的组成部分。注意：在寻找最佳视角、捕捉核心符号时，要平衡好"大语境"和"小语境"的关系；不能因为顾及某一组画面而忽略其外的音声和语境的记录；不能因为预定的构思计划（展示内容）而忽视可能有意义的细节；要将画面的美服从于记录的真实和完整；要避免为了画面的"美"，而去"导演"表演者或被采访者进行违背事件自身进程规律的"摆拍"（尽管"场景再现"是可以考虑的扑救措施）。

## 9.2 民俗事项的核心符号

民俗符号包括各种言行，如语言特征（语言、方言或口音），着装风格，饮食习惯，仪式符号和信仰表达行为等。这些也是当地传统的认同符号。在认同符号中，有些对局内人有着极其重要意义的、相对稳定不变的信仰和行为符号，可视为认同符号中的核心符号（core marker）；那些被认为可有可无，因客观条件而不断变化的行为符号便可视为随机符号（arbitrary marker）。核心符号是那些具有传统生命力的民俗事项，表现着核心信仰与价值观。随机符号是那些以有效性为主的民俗事项，表现为因时空变化、为适应新环境而产生或改造的日常活动。核心身份认同符号对传统的过渡极其重要，它们的生命力体现了一个文化的根本信仰和价值观。例如，某个民俗传统因客观条件变化而变得或是烦琐或是简单。在此过程中，那些因条件好而增加的符号，以及因条件不好而删减的符号都可以视为随机符号，而其中保留不变（或变化极小）的符号便可视为核心符号。由此，我们可以更好地认识民俗活动中那些是某群体的核心认同符号，及其与传统核心的关系如何（参见，"核心符号""随机符号""生命力""有效性""民俗认同"等有关传统传承机制等概念，张举文2009，2015，2016）。

一项民俗活动，除了一般程序性的表演外，总有几个核心符号贯穿其中。因此，民俗影视拍摄过程中，必须正确识别和妥善处理核心符号与随机符号，必须完整地记录那些核心符号的运用过程。例如：从宏观角度，端午节主要的民俗符号包括：

（1）驱邪避疫风俗：迎傩、门悬菖蒲艾叶（辣椒大蒜鸡蛋壳等）、饮雄黄酒、贴午时符、祭五瘟使者、浴兰草水、佩端午索、穿五毒衣、熏烟等；

（2）纪念历史名人：屈原、伍子胥、介子推、张道陵、曹娥、钟馗、黄巢等历史人物曾先后成为端午节的纪念对象，目前主要是屈原（湖北湖南）、伍子胥（苏州）；

（3）仪式形式：祭典、龙舟竞渡、食粽、送瘟船（神舟会）；

（4）饮食风俗：饮雄黄酒、包各式粽子；

（5）民间交际：出嫁女儿回娘家、互赠蒲扇、互送粽子等。

但是，从微观角度，不同地区的不同活动都有其具体事项的核心符号。例如，苏州的庆祝尤其突出的是围绕"伍子胥""粽子"和"驱五毒"的活动；而湖北黄石西塞的庆祝则突出"神舟""吃包子喝粥（吃饱喝足）"和"打醮"等活动。

另外，在记录端午节传统在一时一地的传承进程中，还必须根据拍摄目的去识别和选择核心符号，这样才能有深度的表现其传统的生命力。例如，在关注相关人物时，就要包括：（1）传承人（性格、表演、家庭、技艺、现状，特别关注他们的故事，如当年受压制时的做法）；（2）管理者（身份、性格、管理手法、与传承人的关系、应对媒体等）；（3）参与者（表现特别者，除摄像外，最好现场采访一下，如参与的目的、以前的回忆等）；（4）观众或外来者（一些抱着不同目标来参与的游客或特殊人物，如官员、学者、媒体等）。但是，不能眉毛胡子一把抓，要理清符合主题目的的逻辑和层次关系，有主有次地表现。

因此，在捕捉核心符号时，既要从宏观看其传统的大语境，又要从微观看具体的一个事项活动本身内含的、具有生命力的符号。

## 9.3 求真求善的信念

熟练掌握技术，捕捉核心符号，展示有价值、有意义，而且美的画面，这些都应该是在坚守求真求善的信念之上。

求真是去记录真实的人物、事件、语境，以及"我"的角色，不带着某种心理定势去套用什么理论；求善是去记录展示传统中天人合一的生命观、和而不同的文化观、趋吉避凶的生活态度，以及爱人修己的日常生活实践，追求和尊重社会伦理道德，处理好各种人际关系。

求真求善是尊重人类多元文化。求真求善是去发现和宣扬传统文化的积极面，记录和传播日常生活中的美好。例如，不能为了画面的美而改变传统事项的真；不能为了某种利益而歪曲现实；不能为了某个"重要"镜头而违背伦理原则。

求真求善，就是在现实中，哪怕是残酷或丑陋的现实中，去发现人性中的美好，宣扬人性的真和善。因此，民俗影视价值不在于再现现实中的什么（也就是说，既不要有意回避丑或"不美"的镜头，也不要有意追求刻画丑陋），而关键是以什么方式去再现。即使在揭示批评现实时，价值观的定位和表现手法上的选择都清楚地表明了拍摄者的动机，哪怕是潜意识的。如果带着自卑或自大的心理进行拍摄，所展现的也一定是扭曲的价值观。例如，有些"血腥""丑陋"的场面，可以通过"回忆"或"口述"的镜头，既真实地记录了事件，展示了有关人物的心理，又为观众留下"想象"的空间，也避免了给观众的视觉冲击。现实生活中的真善美和假恶丑都完全可以真实而又有艺术创造性地表达出来。

毕竟，民俗影视作品的创作本身也是一种民俗活动，因为"民俗是小群体内的艺术性交流"（本–阿默思 1998）。拍摄者完全可以，也应该，用观察记录"他者"的方法来"记录我们自己"（谢尔曼 2011），反观自己的行为动机和价值取向。"我看"与"他观"是认识自己与他者过程中互补的对立面（邓启耀 2013）。

# 第 10 章　保持明确的角色

"我是谁？我要干什么？"这似乎是一个哲学命题，然而，在民俗影视拍摄的过程中，这个问题时时困扰着每一位拍摄工作者，其实，这句话说明的是：我们究竟应该保持什么样的角色。每个社会个体都具有多重角色，承担着不同的社会、政治、经济等责任和义务，履行和维系着不同的伦理道德规范。在摄制民俗影视作品的过程中，始终明确"我"在拍摄现场，甚至在整个拍摄项目过程中的角色，这是拍摄一部有价值的纪录片必备的前提。因此，要思考和实践以下几个方面的问题。

## 10.1　做冷静的观察者和记录者

中立、客观、公正，这是创作民俗影视纪录片所必须遵守的基本原则，这也要求我们做冷静的观察者和记录者。冷静，体现的是创作民俗影视作品时候的态度。冷静才能保持头脑清醒，也才能做到中立、客观、公正。观察者的角色则要求我们不能够过多地介入民俗事项，不能将自己的想法强加到民俗活动现场，更不能为了某种需要，现场导演民俗活动。观察者的角色还要求我们睁大眼睛，仔细看清楚民俗活动的细节，并把观察到的情况与有关知识进行比对，最终形成自己的认识。记录者的角色要求我们通过专业的影视技术，立足客观的角度，记录下所发生的一切。这种记录必须是科学的，也是符合影视规律的，最重要的是要便于后期研究。

民俗纪录片制作人要明确和平衡这些关系问题：民俗影视记录该侧重"民"还是"俗"；民俗工作者是社会问题的发现者、记录者还是解决者。"民"与"俗"不是二分法的对立两极，而是相辅相成的共存体。民俗学界的一个困境便是过多注意"俗"而忽略对"民"的记录。民俗工作者应该首先是民俗的记录者，但是，对于现场的不正义、不公正和不合法的社会问题有责任和义务去记录，并通过相应的渠道反映或报告有关机构。有时，手中的摄像机会发挥意想不到的道义作用。

## 10.2 做合情合理的"我"

"人非草木，孰能无情"，民俗影视的拍摄过程，也就是我们进入他者生活、了解民俗故事、分享生活的过程。随着拍摄过程的推进，我们对被拍摄者的认识会发生某些微妙的变化，或是积极的，或是消极的。无论如何，为了保持客观，我们切忌将这种心理或想法带到拍摄当中去，要做一个合情合理的"我"，也就是真实的"我"。"我"是有血有肉的人，与现场的所有的人一样：有自知之明，通情达理，有喜怒哀乐，有道德责任感、正义感。但是，作为民俗工作者，尤其要把握好职业的伦理准则。

例如，如果拍摄现场出现特殊的紧急事件，如"突然发病"或"严重事故"，甚至被拍摄者突然出现"情绪"或其他问题，那么，是作为"旁观者"继续拍摄（可能会有新闻价值），还是停止拍摄，去做一个"合情合理"的普通人，或"平等的朋友"应该做的事（去伸出帮助的手）。这样的事必须要有心理思考和准备。

## 10.3 做平等的朋友

被拍摄者是民俗影视创作者的拍摄对象，也是在拍摄过程中的合作伙伴。为了顺利拍摄影片，民俗影视创作者的视角必须保持平等，用平等的、朋友式的关系来关照被拍摄者，与被拍摄者做平等的朋友，可以让被拍摄者保持最好的状态，发挥出最好的效果。当然，这既是对被拍摄者的人格尊重，也是对作品的尊重。

其实，对民俗工作者来说，从事田野作业，正确处理好与"报告人"或"合作者"的关系，不仅是每个工作者个人要学习应对的问题，也是整个学科的问题。人类学、民族学、民俗学等在其学科形成初期，因为是处于人类历史上的殖民时代，所以，所谓的"民族志"几乎都是"掠夺式"和"强加式"的：记录者高高在上，把被记录者及其文化视为"落后"和"低劣"，甚至认为只有记录者才有能力描述和解释这些文化。这种毫无"反思"的学风直到20世纪末才开始有所改变。但是，即使是现在，影视记录者也常常改不掉"做导演"的毛病。

另外，对自己未来的观众也要平等对待，不要把观众当作"无知"，用自己的"解说"去"开导"或"教育"观众。总之，做平等的朋友不只是在技术方面，而必须是从心底、从价值观和伦理观上修炼自己。

## 10.4 做有正义感有道德观的学者

民俗记录、民俗调查、民俗研究是艰苦的，但也可以是充满乐趣和回报感的。对民俗影视记录来说，美好的回报也是基于创作者的正义感和道德观，特别是要公开抵制那些充满铜臭的"伪造民俗"的行为。同时，创作者也要力所能及地帮助那些贫困、落后甚至处于绝望中的人们，那些弱势群体，也常常是拍摄对象群体，通过学者的影响力来为区域性发展做出可能的帮助。

当前，在"现代化""全球化""商业化""文化遗产化"（包括"非遗化"）"文化产业化"等浪潮的冲击下，民俗影视记录者尤其是关注"热点"，因为它是视觉"媒体"的"封面照片"，最直接影响大众。作为民俗工作者，不为眼前利益而"弄虚作假"，坚守基本伦理价值观、正义感，维护学科职业道德，尤为重要。

## 10.5 做有职业敏感的民俗影视人

建立起职业敏感对于记录和研究民俗是十分必要的，因为只有这种敏感才能让我们在民俗影视记录中永葆青春与活力，把握住时代的脉搏。民俗事项几乎每天都在发生，特别是当今社会的都市民俗、经济民俗、艺术民俗等现象层出不穷，作为一个民俗影视人，我们必须对这些现象保持一定的关注，并在适当的时机，通过影视的方式将其记录下来。

要在日常生活中捕捉传统的精髓；在拍摄活动中记录事件的核心与人性的美好。比如，为了记录一个仪式，不仅要拍摄仪式表演者在仪式进程中的重要言语和行为，也要注意记录该表演者在日常生活中的个性表现，对一花一草，一人一事的看法与反应；记录下一个真实的传统传承者的生活。从而发掘出表演者（们）在一个传统传承进程中的作用，他们在实践中对传统的取舍和发展所做的一切。

作为民俗影视记录者，要学会运用影视记录与使用自己的眼睛、耳朵、手一样自如，将日常生活中有意义的场景记录下来。要培养良好的职业习惯，不能只为了某个拍摄项目才拿起机器关注有关话题。其实，对一个民俗传统或事件的记录，可以也应该是有更广泛的背景和多时空的参照，即更丰富的文化语境，甚至是跨文化的语境。其实，一部民俗纪录片可以是一部学术专著、一篇史诗、一篇日记、一个故事或是一首歌谣。为此，培养职业敏感是民俗影视工作者的基本功。

# 第 11 章　生活安排

民俗影视拍摄工作往往要在现场持续一段时间，特别是要记录某个持续性的活动的时候。例如湖北黄石的端午神舟会，持续时间长达一个多月，因此，在拍摄过程中，生活安排也极为重要。这也包括与家人和朋友的联系、与其他工作项目的关系，以及精神生活方面的问题。这些都是完成专题项目的重要保障。

## 11.1　制订生活计划

如同拍摄计划一样，民俗影视拍摄开始前，制订一份拍摄过程中的生活计划是十分必要的。制订计划的时候，要着重考虑几个问题：

（1）总预算是多少？钱何时到位？

（2）参加人数多少？男女比例、年龄差异如何？

（3）有关人员是否有饮食（如食物过敏）、穿衣等生活方面的特殊情况或禁忌？

（4）要拍摄多长时间？吃饭问题怎么安排（如在什么地方或谁负责等）？

（5）当地气候如何？需要带什么衣服和防护设备？

（6）怎么住宿（住在旅馆还是人家）？住宿费多少？

（7）用什么交通工具？在当地要转移的话，用什么交通工具？

（8）如何保持与有关的机构，包括家人的联系，以便应对紧急情况？

（9）如果保持与现场接洽人的联系？

将生活安排作为一个题目，是为了突出伦理的实践，因为这毕竟是人与人打交道的过程，是民俗学者自我修行的机会。生活安排是双向的：要清楚自己的习惯，也要了解现场的情况，做到知己知彼，入乡随俗。

如果事先知道有不可调和的冲突，就要考虑改变专题项目，或选择相同题目但在不同地区进行。如果进入现场后发现有不可调和的冲突，就要以妥当的理由终止拍摄项目，然后再另行计划。

生活安排最重要的是健康与安全。要有工作与休息日程安排，考虑到所拍摄的对象与事件的实际情况。无论是个人还是团队，合情合理协调工作与休息日程。例如，曾经有过一个电视台节目组，为了赶制一部有关一个非遗传承人的纪录片，连续工作三四天，等他们完成自己的任务离开后，年逾八旬的传承人便累倒住院了。所以，生活安排也是要考虑到多方面的伦理问题。

## 11.2 案例：野外考察生活用品

民俗影视拍摄的环境通常要好于野外考察，但是，有时也可能有和野外考察类似的拍摄条件。在此，列举一个典型的野外考察生活用品目录以便参考。

**野外考察生活用品一览表**

| | | 必备品 | 备注 |
|---|---|---|---|
| 个人装备 | 搬运用具 | 背包、密封袋、布巾、绳等 | |
| | 炊事器具 | 饭盒、筷子、勺子等 | |
| | 服装鞋帽 | 内衣、袜子、步行鞋、登山鞋、雪鞋、墨镜、帽子 | 根据气候情况,准备橡胶雨靴、防水套装、防寒服 |
| | 卫生用品 | 皂类、毛巾、牙具、卫生纸以及消毒片、唇膏、防晒霜 | |
| | 文具用品 | 笔、记录本等 | |
| 集体装备 | 应急用品 | 手电、刀具 | |
| | 相关文件 | 地图、野外考察计划书、身份证、保单、介绍信、指南针 | |
| | 食品饮料 | 面包、方便面、矿泉水等 | 盐、茶叶、巧克力、压缩饼干等 |
| | 救生用品 | 火柴、蜡烛、打火石和放大镜 | 自制的旅行救生盒 |
| | 药品 | 外伤用药:消毒湿纸巾、创可贴、绷带、外用消肿止痛擦剂、眼药水或眼药膏<br>日用药:感冒药、退烧药、消炎药、止泻药<br>止痛药、抗过敏药<br>清凉油、虫咬水、藿香正气胶囊或其他消暑药适量 | 根据自身健康状况和医生嘱咐,携带必备药品、蛇药 |

另外,要考虑准备一些可预见和不可预见的意外情况,根据时间、交通条件、地理位置等做出相应计划。记住,人身安全和健康是田野作业中最重要的事。

# 第 12 章　伦理实践

上面提到的各种拍摄现场都是检验伦理观念和行为的场合。拍摄现场比日常生活更集中体现拍摄记录者的伦理践行。要常常反省以下问题：

（1）是否遵行了"第6章"所提到的伦理原则等问题？

（2）是否遵行了"第10章"所提到的角色问题？

要时刻明确、坚守伦理的最高原则，即尊重和保护被拍摄者的隐私、尊严和权益。有时，虽然就所拍摄的内容事先或事后得到被拍摄者的许可，但是，被拍摄者可能不理解或想象不到影视作品所带来的结果会是怎样。有时，在完成作品后，可能为了不同目的和场合，需要修改编辑作品，此时，要向被拍摄者说明，交代清楚与先前不同的结果的使用，包括可能涉及的版权问题和经济利益问题等。

例如，在前面第6.2节所提到的列维-斯特劳斯的案例，不仅可以从技术和理论派别的角度阐释，也同样可以从伦理角度来解读。我们必须时刻提醒自己，如果不反思每个人或文化都可能有的自我中心、文化优越的潜意识，那么就会让其流露在自己的作品中。其结果是固化了文化绝对观，对比自己"优越"的文化崇拜，对比自己"落后"的文化鄙视，而最终将自己置于"自卑"和"自大"的矛盾中，更无从谈起真实和平等地记录他者和自己。

民俗影视记录人要在实践中处理好个人感情与理性、个人兴趣与学科兴趣、个人与拍摄对象、个人与相关机构、法律与道德、职业与利益等方面的关系。在参考"附录一"的伦理规则的同时，要从中国文化价值观出发，结合特定社会环境和关系，摸索出可行的、符合学科规范、符合社会道德的行为准则。

# 第 13 章 清单（现场期间）

## 13.1 器材保管

器材的保管不仅是在放置不用的时候，也体现在现场使用中。正确和有效的使用或转换使用器材也是确保在现场拍摄到必要的场面的前提。除了前面提到的有关器材维护问题之外，在此需要强调的是，要继续培养良好习惯，每次使用设备前后都做好检查维护事项，为下一次使用做好准备。可用下表做参考：

| 设备 | 状况 | 放置位置 |
| --- | --- | --- |
| 摄像机 | | |
| 照相机 | | |
| 镜头 | | |
| 脚架 | | |
| 话筒 | | |
| 备用电池 | | |
| 充电器 | | |
| 防护物（雨伞等） | | |
| 电脑（包括电源） | | |
| 外接储存硬盘及导线 | | |
| 文字记录笔记本和笔 | | |

## 13.2 素材保管

保管好素材是整个拍摄和编辑工作的基础。每天将所拍摄的素材备份下来是必要的良好习惯。必须配备一个有足够容量的硬盘或电脑。有时，重要的文件可能需要在不同的硬盘上保留多个备份文件。

保管素材有两个意义：一个是确保素材不丢失，一个是为了下一步的编辑做好准备。为了后期编辑有效率，也为了自己对全部素材有清晰的掌握，在从摄像机备份下来文件时，最好习惯性地编排好文件名等信息。例如，让备份文件的名包含所拍摄内容的主要人物、事件、地点、时间或某个细节。另外，有效地设置和管理文件夹，这会为以后对素材分类与建档（见下一章）以至编辑提供极大便利。可参考下表：

| 文件夹名 | 文件名 | 文件长度 | 备注（时间；地点；事件；拍摄现场；器材等） |
|---|---|---|---|
|  |  |  |  |
|  |  |  |  |
|  |  |  |  |
|  |  |  |  |
|  |  |  |  |
|  |  |  |  |

## 13.3 文字记录

前面（第2章第5节）讨论了有关文字记录的问题。在此，文字记录一方面是为了有效编辑，提示编辑过程中要注意的问题，方便找到素材；另一方面，也为影片的字幕或解说提供准确的文字。例如，现场随时采访的人名等信息，特别字的写法、引语等。民俗影视作品要遵循的原则之一，便是文字与画面的互补。作为影视民俗志，使民俗纪录片有价值的不仅是独特的视角，也包括必要的语境记录。

如有必要，也可以选用比较标准的场记表进行现场记录，或者在一天的拍摄完成后检查每一个拍摄的镜头，并进行拍摄素材的场记记录。要考虑到以后检索的方便，也就是要有科学的组织结构和方法，包括每个文件夹和文件名的使用。可参考下表：

片名　　　　　　　　　　　　日期：

| 场 | 镜号 | 次数 | 景别 | 氛围 | 内容 | 时间首码 | 时间尾码 | 备注 |
|---|---|---|---|---|---|---|---|---|
|  |  |  |  |  |  |  |  |  |
|  |  |  |  |  |  |  |  |  |
|  |  |  |  |  |  |  |  |  |
|  |  |  |  |  |  |  |  |  |

## 13.4　日志与反思

日志不仅是每日的行动记录，也包括对事件行为的感受和反思。它可以作为文字记录的补充，也可以是自己生活和成长的记录，留下珍贵的记忆。

历史上，那些留下日志和反思的田野记录，不仅让后人更全面地认识记录者个人的学识和思想，也为学科的发展和人类知识的积累提供了宝贵的线索。

　　文字记录和场记可以结合进行。需要考虑的是将来如何使用这些资料。例如，是否将在影视记录的基础上完成一部文字的论述，是否要将该纪录片单独发行，是否要将该记录资料分类后分别保存，等等。例如，如果要制作公开发行的纪录片，就要有清楚完整的素材场记、人物场记等（另见，第2章第5节，文字记录）。

# 第三篇　拍摄与记录之后

核心提示

（1）确认拍摄素材的完整（包含"核心符号"），是否需要重返现场；

（2）遵循科学的分类与建档体系；

（3）反思初衷与所拍摄结果是否一致；

（4）编辑前要有明确的文字"脚本"（叙事提纲），也保持灵活的创造性；

（5）明确编辑叙事方向，先粗编后细编；

（6）熟练运用编辑软件；

（7）确认和反思自己的伦理观和伦理行为。

每一部民俗影视作品都应该记录一个完整的民俗事项或事件，表现出学术观点和艺术创造性。

每一部民俗影视作品都应该与文字相辅相成，共同构成一部完整的民俗志，体现出独特的学科价值。

每一部民俗影视作品都应该是拍摄者与被拍摄者的个人价值观的展现，是求真求善、和而不同等人类多元文化价值观的巩固和践行。

# 第 14 章　素材的分类与建档

素材是摄制组拍摄、搜集、整理的前期成果,是后期制作的重要依托,决定着民俗影视创作的成败。前期拍摄的素材此时要全部收集回来,并进行分类和建档,同时,还要进行适当的备份,便于后期制作。

当民俗影视的前期画面拍摄与文字记录告一段落之后,就要转入后期制作阶段,包括:素材整理、粗编、撰稿、字幕、音声处理,以及片头创作、精编合成等诸多环节。虽然环节烦琐,但是只要按部就班,循序渐进,就一定能达到创作的目标。

## 14.1　目的与原则

首先,要明确民俗影视记录的三个目的:

（1）将某一民俗传统的核心符号在特定时空中的传承活动如实记录下来,作为档案资料片;

（2）为了研究和教学目的将此资料编辑成可展示的教学片;

（3）为了文化理解以公共媒体来展示的成片。

前期搜集的素材往往很多,甚至很凌乱,为了合理利用这些素材，也为了便于编辑工作，以及达到不同的编辑目的，就必须遵循一定的原则分类与建档。这对整个项目的完成尤其重要。分类建档的原则是：分类的组织结构要科学合理、便于沟通、便于查找、便于管理、便于使用。

## 14.2 方法与步骤

目前，数字化高清拍摄器材已经普及，对素材的分类与建档也不同于过去对胶片或磁带素材的管理。可以说，正确利用计算机进行分类和检索有助于提高编辑效率。

素材的分类与建档可以用两种方式进行：

（1）利用素材文件的文件名和文件夹，使其本身就成为可检索的素材库（见上一章的"素材保管"清单样本）。在将素材都分类与建档之后，另外备份一份，再开始编辑。

（2）可以在此基础之上，另外建立一个"检索目录"文件，在编辑过程中方便查找所需的文件。

需要注意的是，文件夹名和文件名最好以特定数码代号或文字开始，以便检索查找。例如，以年月日开始，或以拍摄内容的关键词开始。

从备份素材到素材分类与建档的"粗编"过程中，首先将所有的文件分两大类：

（1）"可用"文件，即凡是和计划主题有关、在编辑时可能会用到的镜头；

（2）"不用"（或"暂不用"）文件（另见第20章有关可编辑素材），即凡是和本项目主题无关的镜头（因为在田野现场可能记录了许多其他民俗事项或活动等）。在这些"不用"的文件中，还可以分两类（无论如何，都不要轻易删除这些文件）：A."不可用"：那些画面或声音质量不好，内容不很重要的。但是，也许有特别用途。例如，画面不可用，但是音声可用，或相反。B."另用"：那些可能用于其他目的或主题，另外编辑时会用到的，或是可能用于有关其他民俗事项的纪录片的内容。这些都是珍贵的原始档案资料。

"磨刀不误砍柴工"。对素材的分类与建档做得越细致，将来编辑起来就会越有效率。可以根据将要编辑的成片的目的或主题等，以场面或人物来分类建档。还可以建立一个"检索目录"，可以在文件名下标注更细的说明。通过对素材仔细分类与建档、进一步掌握和熟悉素材，这尤其有利于下一步对"脚本"构思、修改和再创作。

总之，依据目的与原则，分类和建档就是为了有效利用关键词进行检索查找。关键词可以是根据时间、地点、人物或事件活动的关键词（可参照民俗学和人类学学科的关键词）。

素材的分类和建档要考虑到包含的容量必须"全"，要包括前期拍摄记录的各种视频、音频、实物、图片、图书、文字等。这也指前期资料搜集工作必须全面彻底，不要局限于被拍摄对象或拍摄地，可以包括诸多方面：

（1）研究专家（包括相关领域专家学者），
（2）民间文化爱好者（包括民间学者、收藏家），
（3）知情者（包括民俗传承人的家人、朋友等），
（4）摄影爱好者，
（5）地方志、史志办专家，
（6）综合性图书馆，

（7）新闻报道，

（8）其他。

民俗影视资料一般可分成几个大类：现场活动视频，现场采访视频，拍摄文件资料（包括拍摄计划、场记、日志等），现场搜集资料（包括图书、视频、音频、照片、文件、实物等），后期搜集资料等。要培养随时搜集、随时归档的工作方式。同时，所有的资料调阅、借阅等都要履行相关手续，统一协调。各种类型具体要求是：

**各类资料归类要求**

| 类型 | 要求 |
| --- | --- |
| 现场活动视频 | 1. 详细记录：拍摄时间、摄像、场景<br>2. 相应场记、日志一并归档<br>3. 重点场景的起始时间码 |
| 现场采访视频 | 1. 详细记录：拍摄时间、摄像、被采访人<br>2. 被采访者回答的内容 |
| 拍摄文件资料 | 1. 尽量收集齐全<br>2. 永久保存 |
| 现场搜集资料 | 1. 尽量搜集包括图书、视频、音频、照片、文件等<br>2. 重要的实物也可以带回<br>3. 每个资料都要详细记载其内容 |
| 后期搜集资料 | 1. 标明：资料名称、搜集时间、资料类型、收集人、提供者、具体内容等<br>2. 特别标明来源和需要继续追踪等事宜 |

# 第 15 章　准备编辑

有了良好的素材分类和建档、充分的酝酿和详细的脚本,剪辑过程应该是有效和愉快的。尽管操作的烦琐或失误等会使身体感到疲惫或有挫折感,但是,剪辑中的意外惊喜和诸多感受会使编辑过程成为难得的成长记忆,甚至是成片的珍贵备注。

当然,进入正式编辑前,要熟悉编辑软件(另见第17章)。目前,常用的专业性的软件有EDIUS、Adobe Premiere Pro、VEGAS、大洋等。作为前提,要熟悉所用的编辑软件的各种功能及其操作指令,具体操作方法可以看相关软件的说明书。

对编辑新手来说,可以利用自己的素材,练习编辑一个三五分钟的短片。试验画面剪裁、音声控制、配乐、解说、字幕、插入静止画面等功能。借此,一方面熟悉软件,另外一方面可以审视编辑出的短片中的画面色彩和音响效果。需要清楚,剪辑是为了服务于主题和目的。

动手编辑前,首先要对原始素材进行"粗编"分类,然后审视和反思初衷;其次是熟悉素材;最后是编写脚本。脚本是思想与技术的结合,是成片是否"成功"的关键。当然,在动手剪辑时也可以继续修改脚本,但没有脚本的剪辑很难做到核心突出、叙事清晰、结构完整。

在编辑之前之后，都要审思，做到"知止而后有定；定而后能静；静而后能安；安而后能虑；虑而后能得"。

## 15.1　从原始素材到可编辑素材

虽然在第14章有关素材的分类与建档中提到对素材的"可用"与"不用"，以及"不可用"和"另用"的分类，但是，这些概念完全不等同于"可编"与"不可编"的概念。

"可编"与"不可编"，不仅仅是看素材的画面或音声质量，也是根据内容来判断是否与整个项目的初衷、风格以及主题相符合。

有些为了一个目的而编辑时被分为"不可编"的素材，可能是另外一个编辑目的的"可编"的，甚至是必要的素材。

## 15.2　审视和反思初衷

重新确认民俗纪录片的关键：民俗纪录片不同于其他专题的纪录片，因此，要坚持突出民俗纪录片的原则和特色，明确本人所拍摄的纪录片的独特性。

重新审视初衷与现实：明确本专题纪录片的目的和定位。哪怕是"实习"的拍摄，也要认真对待，清楚所拍摄的场面或瞬间会有珍贵的第一手资料的价值。真实的记录是最高目的，成片与否（或编辑的结果）不应该阻碍在现场的认真记录。哪怕所拍摄的素材都不可以成为"公开展示"的作品，也要珍视其中有档案和研究价值的分分秒秒。

突出编辑主线与逻辑：纪录片是以影视展示的人物和事件叙事，因此要有叙事的主线与逻辑，同时，在编写脚本时，要在遵从初衷的基础上，体现民俗交流中的艺术性。

通观民俗记录的时空关系与传统的传承机制：一定要把对某一民俗事件或事项的记录置于该民俗传统的大语境之中，置于该文化传统的逻辑和机制之中；即使是突出人物的专题，也离不开其传承的传统机制和大语境。

侧重传统的核心符合与价值观：一部纪录片不仅是记录一个民俗事项，也是记录该传统的实践者的文化价值观，更是记录影视制作者的伦理道德践行。

审视初衷，主要关注这几个方面：

（1）前期拍摄的素材是否足够？

（2）是否有需要补拍的？若有，是哪些？

（3）预期的创作思路能否实现？是否需要重新修改创作思路？

（4）还需要在哪些方面进一步着力搜集资料？

（5）下一步该怎么做？

反思初衷，主要在这几个方面：

（1）项目值得做吗？

（2）前期拍摄过程中有哪些好的地方？哪些不足？

（3）团队组织还有哪些可以改进的？

（4）项目合作各方有些什么不满意的？如何改进？

（5）我在摄制过程中的表现如何？是否有违背伦理道德的言行，如何补救或改进？

## 15.3 熟悉素材

通过对素材（包括影视和文字或物品）的分类与建档（同时备份），熟悉素材，同时重构或修改对该纪录片叙事的具体构思计划。虽然在拍摄前对整个事件有所了解，也可能对叙事构思已有了一个比较清晰的构思，但是，最后的叙事作品是要基于所获得的素材来编辑完成的。虽然有可能或有必要重返现场（见下章），但是，更多的情况下只能根据现有素材。所以，熟悉素材是编写脚本和剪辑的关键。在熟悉素材过程中，特别要注意发现有价值的镜头。很多时候，在拍摄现场意识不到所拍到的场面的价值。所以，研究所记录的传统事项的文化历史、反思拍摄过程、了解素材内容，这有助于展现整个纪录片的价值。

在这个过程中，可从以下两个方面入手。

一是通览与归堆。将所有的素材收集齐全后，要专门抽时间对其通览，并将其中的重要场景做好标记。通览的最大作用就是我们可以系统、全面掌握素材的情况，可以从一个全局来考虑节目的制作。按照拍摄大纲，建立各种各样的分类夹，将相关素材进行归堆处理。

例如，在拍摄湖北洪湖凤舟竞渡项目的时候，按照活动仪式的过程，将拍摄素材分成几个文件夹："起凤舟""凤舟点睛""凤舟巡游""凤舟下水""凤舟竞渡""观礼台""现场观众"等，先按照这些类别，将相关素材整理放入。归堆是二次归档，它的指导原则就是方便后期制作时查找。由此，极大方便下一步的镜头剪辑。

图16　湖北洪湖凤舟竞渡

二是规整与挑选。由于在拍摄的现场，摄像可能会受到各种因素的干扰，拍摄出来的视频素材难免有不理想的地方，我们有必要将素材提前做一个规整工作。也就是从已经归堆的素材中，进一步挑选出合适使用的素材，并将其放在相应类型的文档中，使其成为一个二级文档。例如在"凤舟点睛"文档中，可以进一步将素材规整为"祭祀舞剑""祭祀取血""点睛仪式"等。素材规整后，就进入到粗编阶段了。按照民俗活动发展的先后顺序，将有关素材挑选出来，逐一放到编辑时间线上，组成一个完整的故事版。

## 15.4　编写脚本

在影视创作中，脚本是指依据主题编写的、用于拍摄和编辑的文字底本。脚本应该是在拍摄前完整的提纲。当然，因为民俗影视记录的特点，在拍摄期间保持足够的灵活性、在编辑期间做适当调整都是必要的。

根据上述叙事原则和手段等，根据手中的素材，编写脚本，这决定着所编辑的叙事是否有价值、剪辑是否有效率。除了注意叙事本身的完整外，还要考虑民俗纪录片的原则，包括制作者的伦理价值观。

具体来说，要注意叙事的安排、主线的确定、人物的塑造、主题的提炼。要根据不同目的，做不同构思（如，突出某个人物还是某个象征物）。

例如整个叙事是否有一条主线；是否有或需要平行的叙事线索；如何掌握叙事发展的节奏；是否需要或如何设置适当的悬念。

摄像机拍摄的任何影片都是在讲述故事。民俗影视作品的拍摄其实也是在讲故事。讲好一个故事，除了需要发现故事的原型外，一个重要的环节就是拟好一个脚本（可参见案例，纪录片《美在黄山》脚本（解说稿），黄山新闻网，http://www.newshs.com/a/20130211/00172.htm）。

脚本的绘制有以下一些要求。

（1）充分体现主题，表现创作者（或导演）的创作意图、创作思想和创作风格。

（2）分镜头运用必须流畅自然（分镜头的目的是要把创作者的基本意图和故事以及形象大概说清楚，细节太多反而会影响到总体的认识）。

（3）画面形象须简洁易懂。

（4）分镜头间的连接须明确（一般不标明分镜头的连接，只要有分镜头序号变化的，其连接都为切换；如需淡入淡出，分镜头剧本上都要标识清楚）。

（5）对话、音效等标识需明确（应该标识在恰当的分镜头画面的下面）。

# 第 16 章　重返现场的可能性与必要性

虽然民俗传统有其延续性，但不同时空和社会背景下，每次民俗活动都是不一样的。民俗记录突出的是一人一事一时一地。其价值在所记录的某个传统在传承演变中的一个瞬间，展示的是该传统的内在发展逻辑和机制。

但是，在纪录片拍摄的过程中，经常会遇到一些问题，比如现场拍摄时，由于机位问题，拍摄出来的画面无法用，又如话筒出现问题，采访没有声音等等。这些问题很明确地指出：是否有必要重返现场，进行重拍？这个问题涉及可能性与必要性两个方面。

关于可能性：对于事后补救的拍摄，我们必须评估其可能性，因为不具备可能性的事情，纵然你想去做，也是枉然。那么，评估重返现场的可能性必须考虑哪些因素呢？

（1）拍摄资金；

（2）民俗活动能否重新组织起来；

（3）是否有政策问题、伦理问题；

（4）是否符合民俗习惯；

（5）其他禁忌；

（6）天气等自然情况是否允许；

（7）其他因素。

关于必要性：重返现场进行补拍，真的有必要吗？是完全重拍还是部分补拍？是涉及所有参与者还是仅仅一部分人？等等，这些问题需要我们确定必要性，着重要考虑几个问题：

（1）确实有必要（为了内容还是风格；核心符号还是随机符号）重返现场吗？

（2）重返之后，做什么、怎么做？

（3）确实需要重返的话，安排一些什么样的拍摄？安排谁去落实？

（4）拍摄的时间、地点、人物、事件怎么确定？

（5）是否有可以替代的方案或者更好的选择？

（6）其他问题。

虽然，可以通过重返现场，甚至"情景再现"来"完整"讲述某个传统，使其成为"无时无地"的"永恒"或"真空"的传统，但其记录性质和价值与前者是不一样的。所以，从准备拍摄到编辑出样片，要十分清楚自己的拍摄与记录的性质、目的，以及用途。

如果因为某种需要，必须重返现场，重新拍摄或补拍一些镜头，那么，有必要在编写脚本时说明所获的镜头是在不同时间和地点拍摄的。要清楚，即使表面相同的一个民俗活动，在不同时空的表演或再现会有极不相同的再现结果。当然，这样做也有其独特的价值：比较一个民俗事项在不同时空下的变异。

从民俗调查和记录角度来说，重返现场对民俗学影视记录有如下意义：

（1）增加作品的信息量，呈现更为丰富的民俗世界。

（2）呈现历时性的变迁，呈现民俗的流变和适应机制。

（3）发现契机，突破上次拍摄的壁垒。

（4）从单一记录到多声部，从个体到群像，增加作品的分量。

（5）重返现场本身是有效的沟通和交流方式。

# 第 17 章 编辑软件的应用

影视后期编辑一般都是依托某些专业视频软件来进行的。相关的软件非常多，不过，总体的编辑思路与方法大同小异。具体的编辑方法见本书前面章节的介绍，而具体的软件使用方法，请参考相应的软件使用说明书。

有了经过充分酝酿和修改的脚本，剪辑过程就会有效和愉快。作为前提，要熟悉所用的编辑软件的各种功能及其操作指令。可以利用自己的素材，练习编辑一个三五分钟的短片。试验画面剪裁、音声控制、配乐、解说、字幕、插入静止画面等功能。借此，一方面熟悉软件，另外一方面可以审视编辑出的短片中的画面色彩和音响效果。

需要清楚，剪辑是为了服务于主题和目的。具体的编辑过程如下所述。

## 17.1 基本剪辑规律

在具体编辑过程中，有一定的编辑原则。任何违反影视剪辑原则的做法都难以让观众理解，而剪辑又是影片不可或缺的重要步骤。"上下镜头一经联接，原来潜藏在各个镜头里异常丰富的含义便像电火花似的发射出来。"（巴拉兹 1986：

103）民俗影视片的剪辑应当遵循电影、电视的镜头组接规律，兼顾整体与细节之间的关系，这些基本的规则包括以下几个方面：

（1）动接动。也就是在剪辑的时候，一定是运动镜头接运动镜头，不要将运动镜头直接与静止镜头连接，这样会造成视觉上的跳跃。

（2）静接静。静止镜头接静止镜头，不要将静止镜头直接与运动镜头相接。静止镜头如果要与运动镜头连接，必须选择运动镜头的起幅或落幅处与静止镜头连接。

（3）景别跳跃性不要太大，色调跳跃性也不要太大。

（4）注意跳轴。跳轴，也称为越轴，拍摄运动物体时，运动物体和运动方向之间形成一条虚拟的直线，称之为轴线。摄像机机位只能处于轴线的一侧，如果越过轴线拍摄，就会造成画面逻辑的混乱。

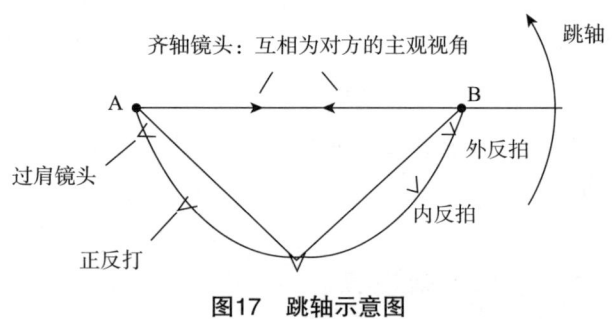

图17　跳轴示意图

（5）注意蒙太奇应用。

蒙太奇（Montage）来源于法语，是"剪接"的意思，后来被发展成一种电影中镜头组合的理论，即当不同镜头拼接在一起时，往往又会产生各个镜头单独存在时所不具有的特定含义。

蒙太奇的名目众多，没有明确的文法规范和分类。贝拉·巴拉兹（1986）在《电影美学》一书中，提出隐喻的蒙太奇、诗意的蒙太奇、讽喻的蒙太奇、理性的蒙太奇等多种形式，而爱森斯坦（1999：309-429）在其专著《蒙太奇论》中系统讨论了蒙太奇，着重谈到"垂直蒙太奇""杂耍蒙太奇"等。电影界一般倾向分为叙事的、抒情的和理性的（包括象征的、对比的和隐喻的）三类。因为蒙太奇具有叙事和表意两大功能，可以把蒙太奇划分为三种最基本的类型：叙事蒙太奇、表现蒙太奇、理性蒙太奇。

## 17.2 配音与配乐

根据主题需要和现有素材，需要考虑是否需要现场的或是现场之外的音声（解说和音乐）。这不仅是一部民俗纪录片的风格问题，也是原则问题。

有些民俗纪录片完全不用现场之外的音声，包括不用任何解说。有些则利用非现场的但相关的音声，有的也利用解说和字幕。如果使用配音与配乐，需要注意：结合故事的发展，控制语速；控制现场音与解说的比例；注意配乐的内容与音量。虽然在其他专题纪录片中有不同程度上使用各种特效镜头等效果的，但是，民俗纪录片应该尊重和突出被拍摄者的声音和话语，在最大程度上减少任何辅助的音声和文字可能对观众产生的"说教"影响，避免使用特技效果。

要注意恰当使用"解说"和"字幕"，以及配音配乐。这是民俗记录的一个原则问题、风格问题、技术问题，当然，这最终表现的是制作者的学科理论、伦理和价值观问题。

在技术层面，要特别注意保持编辑后的音频在清晰度和音量等方面的统一，还要保持与画面的有机结合。要注意字幕的格式及其对画面的影响。

### 17.3 编辑修改与致谢

在自己认为编辑完成后，如果有可能，请被拍摄者及其群体一起来看样片。这里要遵循的是一个基本原则：编辑出的成片需要得到被拍摄者的认可。当然，有的情况可能不允许这样做，或为了坚持"真"的原则而保持与被拍摄者的不同意见。如果这样，也可以通过说明现场情况，作为真实记录的一部分得到保留。

不论是团队还是个人的拍摄，除了要说明每个影视制作者的角色作用外，特别要致谢那些在现场的当地人，包括出现或没出现在画面上的被拍摄者、提供帮助的人。通过字幕在成片的最后致谢，这不只是礼节或形式问题，更重要的是伦理问题。

有时，致谢不仅需要这种形式，也需要有物质和金钱的形式。同时，也要处理好任何有关的法律（如版权、肖像权等）问题。这也是践行伦理的必要行为。

### 17.4 编辑软件的选择

非线性编辑软件的数量非常多，以下是几条可参考的选择标准：

（1）界面友好，方便操作；

（2）软件成熟，对计算机配置要求不高；

（3）兼容性好，各种格式的文件均可使用；

（4）特技功能强大；

（5）字幕好；

（6）输出格式多；

（7）售后服务质量好。

另外，可参考以下几款编辑软件的比较：

| 软件名 | 公司 | 优点 |
| --- | --- | --- |
| Edius 8.2.0.312 | Grass Valley 公司 | 1. 兼容各种高清/标清格式，包括 DV、HDV、AVCHD 格式的 MPEG-2、Windows Media 和 QuickTime 等；可进行实时编辑，还可直接转换为高清/标清格式的所有种类（16:9 和 4:3）；可编辑并将实时视频转换为不同帧速率的 60i、50i 和 24p 等；可编辑并将实时视频转换与 1440×1080、1280×720 和 720×480 等分辨率不同的效果；可生成高清/标清的键特效，转场和实时游戏效果；<br>2. 可通过 EDIUS 中文版将实时视频直接从时间线输出到 DV；多出口的 HDV；支持多段编码功能，输出所花费的时间大大减少；可进行 DVD 制作；<br>3. 支持多种图片格式；可进行多摄像机编辑。 |
| Windows Movie Maker 2 | 微软公司 | 1. 任务窗格 Movies Tasks 将视频编辑过程中常用的工具和功能集成在一起；<br>2. 支持 Windows Media 9 系列压缩技术；<br>3. 可将制作好的视频文件刻录到光盘上。 |

续表

| 软件名 | 公司 | 优点 |
| --- | --- | --- |
| Adobe Premiere Pro CS6 | Adobe 公司 | 1. 可用于素材的组织管理和剪辑处理,可直接将收集起来的素材引达项目窗口,进行统一管理;把项目窗口中的素材拖到相应的轨道上,即可进行剪辑处理;<br>2. 可帮助用户完成视频剪辑过程中的视频片段间的自然过渡,而非生硬地直接拼接;<br>3. 叠加叠印是特色,即将一个素材置于另一个素材之上来播放。值得一提的是,叠加的素材效果是透明的,可以将其下面的素材透射过来放映;<br>4. 完成视频的剪辑处理之后,可以直接通过premiere强大的输出功能,直接将作品渲染导出。用户可以直接在输出选项中进行个性化设置,作品导出后无需二次转换。 |
| 会声会影 X5 | 友立公司 | 1. 功能强大的视频编辑软件,可抓取、转换MV、DV、V8、TV 和实时记录、抓取画面文件,并提供超过 100 种的编制功能与效果;<br>2. 提供了从捕获、编辑到分享的一系列功能。自带的上百种视频转场特效和视频滤镜,可充分利用这些元素修饰影片,制作特殊的生动效果;<br>3. 应用非常广泛,可以刻录光盘、制作电子相册、节日贺卡、MTV 制作、广告制作、栏目片头、宣传视频、课件制作。 |
| Pinnacle Edition 4.5 | 品尼高公司 | 1. 视音频轨道数目多;<br>2. 转场效果丰富;<br>3. 视频滤镜强大;<br>4. 支持插件多;<br>5. 通过调整相应的参数,可以对视频短片产生丰富的运动效果;<br>6. 提供了音频滤镜和混音器,拥有丰富的音频轨道数量。 |

# 第18章　伦理反思

拍摄民俗纪录片要避免"殖民式"或"掠夺式"记录；要避免自私自利的行为；要考虑自己的拍摄行为给被拍摄者及其文化群体带来的潜在负面影响（当然也要论证可能的积极影响）。这些不仅应该是伦理常识，也应该是一位影视工作者的良知。

虽然我们可以说，如果不去拍摄记录某民俗事项，它就有濒临消失的可能，但是，我们还必须反思，如果所要做的拍摄行为违背了当事人或其共同体的意愿，我们是否该坚持拍摄行为，是否有其他记录方式，是否因为不拍摄记录就会加快该民俗传统的消失。

我们可以设想这样一些尤其值得深刻思考和反思的情况（其实，在民俗学界就曾发生过）：民俗记录者以自己的真诚得到了被记录者或其群体的认可，使其到被记录者的许可，也记录到了所计划的专题项目的核心部分，而这部分正是该群体或文化的信仰核心，甚至是神圣的、秘密的部分，那么，记录者是否应该将此部分"完整"和"真实"地展示给公众？如何保存这部分素材？如果被拍摄者个人同意了，但是其群体的其他成员不同意，那么，该如何处理所拍摄的内容？如果记录者个人因此得到了名利，如果被记录者当时没有意识到被记录的内容会得到某种程度的公开，如果被记录者或其群体在事后不想让自己的"内部知识"公开，那么，记录者该如何处理？

总之，在反思拍摄和记录过程中遇到的伦理和法律的冲突、伦理与现实的冲突、伦理与个人利益的冲突时，要有最基本的伦理底线：不能因为自己的拍摄，而使被拍摄者的各种权利和利益受到侵害或损失，无论是暂时的还是长久的。要时常重温前面讨论的伦理问题，参考有关伦理规则（见附录一），反省所做的与所预期的目标的距离。

在此，有必要讲述一下托尔肯的故事。柏瑞·托尔肯（Barre Toelken，1935— ）在1966年开始建设俄勒冈大学的民俗学项目，并在1968—1985年负责俄勒冈大学西北民俗档案室。期间，1976—1979年，负责国家人物基金民间艺术部，1977—1978年任美国民俗学会会长。他从1985年到2003年担任犹他州立大学民俗项目主任。他的《民俗动力学》是美国民俗学核心著作之一。托尔肯的民俗学之路始于他年轻时与印第安人纳瓦霍部落中的一个叫"黄人"（Yellowman）的族人的接触。黄人把他从疾病的死神手中救了回来。从此，托尔肯成为黄人的家人，不论他人在哪里，他始终与黄人和部族人保持联系。1960年代，他利用录音设备，记录了约60小时的黄人和他的族人讲述的故事和唱的歌等。用托尔肯自己的话说，因为他与黄人的特殊关系，他得以发表一些独特的研究黄人和纳瓦霍文化的文章，由此而获得了晋升，也赢得了名声和地位。

但是，三十多年后，托尔肯做了一个别人意想不到的决定：他把只有自己保存的录音带都归还给了黄人的家人。他1998年在《美国民俗学刊》发表了一篇文章，说明了自己为什么这样做，也在2003年美国民俗学年会上的发言中提到此事

（Toelken 1998，2004）。由于他的传播，一些纳瓦霍的故事被在错误的时间和地点讲述了，而这些故事涉及纳瓦霍的一些重要信仰基础。后来，在他的姐姐，也就是黄人的妻子（那时黄人已经去世）的要求下，托尔肯把录音带都还给了她。"毕竟，这些故事是纳瓦霍人的，不是我的。"（Toelken 2004：443）但是，托尔肯后来似乎明白了，他反思自己的所作所为，也为了提醒后人，总结道：在一个母系社会里，他没有关注女性讲的故事；他没有将为他提供各种帮助的族人作为他发表文章的合作者；他没有明白故事中的多层意义，而仅凭所知道的一层意思去显示自己（Toelken 2004：444）。托尔肯自己认为，一个学者只有在所研究的文化的指导下才可能做好工作，哪怕这条路会被学术假设所中断（Toelken 1998：381）。

托尔肯归还了录音带，"坦白"了自己在采录故事时对女性的忽视、在"运用"故事时的片面，也表明归还故事是因为这些故事被认为会对讲述者有害，特别是在不恰当的时间讲述。他认为自己在50年后才开始懂得其中的一些问题。但是，他的做法引发了民俗学界的一场辩论（Oring 2006，Sherman 2008）。辩论主要集中在两个方面。（1）尊重采录对象的意愿是符合伦理的行为；但是，如果尽管违背了这个伦理准则，将所录的故事好好翻译、保存，却可能保留下永远也不能再得到的人类文化的宝贵的一部分。（2）因为故事涉及讲述者的信仰核心，不以其应有的方式讲述将为族人带来伤害；但是，如果按照族人的传统来对待这些故事，在特定时间地点播放或讲述这些故事，难道不可以吗？这两个方面的伦理问题，也需要我们的思考和践行。

# 第 19 章　清单（剪辑评估）

剪辑过程的评估：在剪辑中对影片不断地进行自我评估，或者邀请不同的人群使用此表格进行评价，可以此作为下一步剪辑的目标。

片名：_____

| 内容自查 | 评估等级<br>【1-5分量表】 | 备注 |
| --- | --- | --- |
| 整体的线索和信息的逻辑完善程度 | | |
| 剪辑点的准确程度 | | |
| 动作匹配的剪辑流畅程度 | | |
| 视线和方向剪辑是否合理 | | |
| 声画同步和声画分离是否合理，流畅程度如何 | | |
| 使用口语表达的程度 | | |
| 是否避免了生涩的书面语 | | |
| 对话的剪辑流畅，节奏自然 | | |
| 有比较流畅和优美的视觉节奏 | | |
| 景别剪辑合理，呈现的信息总是有有效的镜头匹配 | | |
| 音声或音乐使用节制、合理，节奏优美 | | |
| 使用视觉符号，并且视觉符号有隐喻和象征的功能 | | |
| 现场的音响、同期声使用合理，声音无明显瑕疵 | | |
| 旁白、对白等人声元素使用节奏合理，逻辑清晰 | | |
| 混音平衡，声音元素组合合理而有效 | | |
| 片长合适 | | |
| 某些剪辑段落充满感情，有冲击力 | | |
| 对民俗学信息的传达有效 | | |
| 整体结构合理，根据内容采取不同的影像表达方式 | | |

同时，文字的记录与整理（作为辅助背景资料或研究论文）也应该成为民俗影视作品的一部分。

# 第四篇　从样片到成品

核心提示

（1）反思拍摄项目的初衷计划与素材或样片的主题是否一致；

（2）灵活运用"可用"和"可编"素材；

（3）认识到样片的审查与修改的重要性；

（4）明确所编辑的样片或成品的三个目的；

（5）妥当保管各类素材或成品；

（6）审思相关伦理问题，履行相关法律或权益手续。

# 第20章　从可编辑素材到不同目的的样片

素材经过粗编，就展现出整个影片的雏形。但是，同样的素材，因不同目的和需要，可以剪辑合成不同长度、不同主题、不同风格的样片或成品。

因为样片或成品有三个目的：档案资料、教学或科研展示、公共或商业传播，所以必须明确不同目的的样片的处理标准，及其组织部分。例如，因为不同目的，要相应地使用或避免配音或配乐、音效、片头片尾、动画、字幕、解说、场景再现等等。

不同的目的指的主要是受众的不同。例如，对于民俗研究者，核心符号的记录和再现尤其重要，包括对语境的强调，而画面的质量可能不重要。对普通公众，视觉的美、表现情感的特写、配音配乐，以及旁白解说可能更有感染力。如果受众与目的不符，那么作品就失去了价值和意义。例如，目前许多非遗项目的"申报片"只是一种辅助资料，不是该项目的完整的和真实的记录，不足以用来做研究资料，但作为公众宣传则能得到很好效果。

总之，有了粗编的"草稿"（见第15章），在进入"精编"时，一定要明确将要编辑的成片的目的。

# 第 21 章　对样片的审视与修改

样片并不是成片,需要经过有关部门的审核,提出明确意见,再经过修改定稿,才能成为成品。有时样片要经过同行、专家或当事人的审视或认可。对样片的审视与修改是后期制作中的重要环节,这个环节决定着最后作品的水准。

首先,要明确需要经过什么人员的审视。通常,样片的审查非常严格,一般应有上级主管部门领导、甲方、乙方、民俗展演方、相关领域的同行和专家等人参加,一般有10人左右,大家集体审看。有的时候,还不止审看一次,需要多次审看。审片时注重的常常是两个方面:艺术性与科学性。其中,创作者的审美艺术或学科观点上的创新也是很重要的一个方面。审视者的评判可分两个部分:思想表达与艺术水准,评价与建议或修改意见。

具体而言,对样片的审查可以从观点或价值观(或政治方面)、具体内容两方面来看:

(1)政治倾向或思想性,是否涉及民族问题、宗教问题;

(2)是否涉及国防军事、"黄、赌、毒"或伦理问题;

(3)是否有血腥、容易引起观众不适的镜头和情节;

(4)艺术品位高低;

（5）全片是否完整、真实记录了相关民俗；

（6）是否有歪曲、虚构的成分；

（7）解说是否符合影片需要；

（8）画面剪辑是否流畅；

（9）特技、特效制作是否正确；

（10）音响、音效合成比例是否合适；

（11）片头、片尾设计是否合理；

（12）片尾字幕是否需要调整；

（13）影片是否有重大遗漏；

（14）影片是否符合甲方的要求；

（15）其他。

在样片或成片公开展示之前，应该考虑得到被拍摄者的认可，不仅是对拍摄权的认可，也是对拍摄内容的认可。

# 第 22 章　成品的档案分类与保管

成品的档案分类可以参照图书馆的目录模式，在专门的音像库里建立档案馆，分门别类进行保管。成品的存放模式一般为移动硬盘和DVD两种，简介如下：

移动硬盘储存民俗影视作品和资料的优势是数据文件存取非常方便。移动硬盘是全密封外壳，非常坚固，不通电时，抗震性能好。具体保管需要注意几个方面：

（1）将移动硬盘分成几个存储空间，分别命名；然后将成品按照类别存入；

（2）移动硬盘盒里的线路板、硬盘接口和硬盘外面的线路板、接口比较脆弱，要注意防尘、防潮、防止氧化；

（3）在移动硬盘使用中需要注意震动问题；

（4）如果要长时间保存移动硬盘或硬盘，最好是用真空密封袋来保存，以防止接口触点的氧化，同时也起到了防尘、防潮的作用；

（5）需要特别注意，移动硬盘不要长时间连接在电脑上。如果移动硬盘长期处在这种供电不足的状态下很容易坏掉；

（6）使用移动硬盘的时候，要注意接口，拔、插时候动作要轻。

用DVD光盘储存民俗影视作品也很常见，不但方便发行传播，也方便公共场所的展示。具体保管需要注意几个方面：

（1）每张DVD在刻录的时候，都要设计好封面，在封面上标明题目、时长、制作单位、拍摄时间、出品方等基本信息；

（2）严禁用有污垢和有油污的手拿光盘，因为脏物很容易附在光盘上，从而影响数据的读取；

（3）把光盘放进光驱中时，一定要轻拿轻放光盘用后最好放在光盘盒中；

（4）不要在光盘上贴标签，标签会使其在高速旋转时失去平衡；

（5）不要在阳光下曝晒，否则会引起光盘变形，严重时会使数据丢失；

（6）光盘平时要在通风干燥处保存。

当然，还有USB或其他小型的类似"移动硬盘"的保管方式。但是，随着技术的快速发展，无论哪种模式或文件格式都要及时更新，否则会影响数据的使用。有时落后几代的文件格式很难找到播放软件或硬件，甚至可能无法播放或使用。

# 第 23 章　成品的用途与公共展示

一般说来，成品的长度是制作者根据内容剪辑决定的。但是，不同目的的成片有的时候要考虑到受众或播放途径，要在长度上根据需要做出调整或让步，有时要忍痛割爱。目前，国内的电视台播放的纪录片大多是电视台内部制作，熟悉其播放格式或长度等要求。在此，仅就长度问题提醒民俗影视制作者，要考虑到几个编辑目的：档案资料、科研、教学，或公共展示。当然，随之而来的内容的调整也非常复杂和重要。

目前，"民众流"网站（www.folkstreams.net）汇集了美国代表性的民俗纪录片，有些都在公共频道上播放过，有些也被常用于教学，可供参考。

民俗影视制作者可参考下面的几种情况，根据目的和受众背景，做出自己的决定。

（1）公共电视台节目频道：一般每个节目频道有其特殊的时间要求。例如，美国各州都有专门以公共教育为主的公共频道。如果是为了一个30分钟的节目档，一般需要将成品片编辑为28分50秒钟；如果是一小时的节目，成片要在56分40秒。当然，有些非公共频道可能还有一些广告时间，但也有具体的时间限制。因此，要了解是否需要为某个频道而单独编辑出一个成品片。

（2）单独发行的纪录片：目前多数的民俗纪录片是在一小时或一个半时，也有或长或短的。有时也因出版发行公司的要求而有所不同。

（3）学校教学用：有些内容的纪录片尤其适于教学课堂的演示。为此，要考虑到一般本科或研究生课堂的每次课的时间长度，以便在观看完片子后有适当的时间讨论。所以，如果一部纪录片讲述的是一个相对单一的民俗传统或事件，便可以编辑到20分钟或30分钟以内，否则也可以分为几个部分来说明一个比较复杂的传统或事件。

（4）会议演示：用于学术会议上展示或讨论的片子，一般不应超过15分钟或20分钟，以便留出时间讨论。当然，也可能有特别安排的时间段。这样做是为了得到足够的反馈，有助于进一步的研究或编辑。

（5）其他公共集会宣传展示：比如在一个公共场所，可能需要的是一些关键画面或事件进程，在几分钟里，让受众了解所要表达的主题或问题，以便吸引他们去看更完整的片子。这也包括类似广告的宣传片。

# 第 24 章　伦理维护

在思考伦理的维护时,首先有必要回顾一下第18章中讲到的托尔肯的故事:在保管了30年后,托尔肯按照族人的要求把所有的录音带都归还给了族人,并把这个过程以反思的形式写出来发表。这样的事似乎没有先例,那么,今后会有类似的事吗?其实,每一个民俗影视记录者何尝不是时时面对这个问题呢?

对伦理的维护其实体现在每个工作阶段,无论从设计到拍摄,再到后期编辑。例如,在制作成品片的时候,要注意,运用任何"特技"或"配加"任何画面和音声,这些都可能是强加的制作者的"意图"而"压制"被拍摄者自己的"声音"。而这"声音"不正是民俗影视记录最需要聚焦的核心吗?不能为了画面的"美"、音响的"美",而歪曲"真实"的美。(此时妥当利用文字补充说明不仅是必要的,也是完整的影视记录必须的。)这与其说是风格技术问题,倒不如说是伦理意识问题——是真实和平等地尊重被拍摄记录者,还是利用"他者"来强迫受众接受制作者的价值观。

伦理的维护,从目前实际的角度看,可以体现在这几方面:(1)知识产权等法律问题与伦理传统;(2)学科发展层面；（3）个人发展角度；（4）多元文化交流中的伦理维护；（5）对未来学科发展的影响；（6）对一个社会里的传统文化价值观和信仰体系的维护。

过去的很多事例可以为我们提供借鉴。谢尔曼在《记录我们自己》一书中也多次论述和例证了伦理问题对一部纪录片及其制作者的影响。例如，人类学家马林诺夫斯基及其同时代的人会认为这是当时的常规学术实践，即"把本地人的建构和理解简化为他们自己所想象的与自身文化中的结构、术语和过程类似或同等的内容"。其实，伦理道德的准线决定了影视制作人如何选择所拍摄的内容以及如何去拍摄，同时也受到参与者的影响。对于一部民俗影片，到底是谁在控制其制作？"如果被拍摄人物在控制，制作人是否能坚持自己的道德底线，结果是否多少会更接近生活真实？"

本手册所附的美国和日本人类学与民俗学界的伦理准则可以被视为一个参考框架。但是，不论在什么社会或特别需要的情况下，在明确自己的伦理规范后，最好的维护伦理的方法是通过签署书面协议（见附录三）。这样，对制作者、被拍摄者，或任何相关的利益方面都可以清楚地说明责任和义务，最大程度避免冲突。这一点在跨文化、跨境交流中，也同样适用。当然，文件的内容需要做相应的调整。

一次民俗影视记录的拍摄项目的完成，不等于相关的法律或伦理实践也完成了。例如，有些版权和再发行等的利润问题可能是若干年后的事，也需要履行应有的责任。对于目前中国实践中的"非遗"保护运动，如何从中有效地利用影视记录，同时维护伦理准则，这是一个迫切的问题。例如，在2016年，联合国教科文组织再次修订了《实施〈保护非物质文化遗产公约〉的业务指南》,其中就涉及伦理的维护。

  总之,一次拍摄任务是一次伦理的践行,是作为普通人、民俗记录者或学者的自我修行。

# 第五篇 附 录

# 附录一　相关民俗学与人类学的伦理规则

这里提供了美国人类学会、美国民俗学会、日本人类学会、日本民俗学四个学科的伦理规则供参考。其中，美国人类学会和日本人类学会的伦理规则已有中文译本，在此，征得译者许可，列入本附录。美国民俗学会和日本民俗学的伦理规则则专门为本《民俗影视记录手册》所翻译。此外，联合国教科文组织的《保护非物质文化遗产的伦理原则》尤其有助于对"社区"权益的思考和维护。

提供这些国外的伦理规则的目的是为了参考，而不是照搬照抄。中国的民俗影视记录需要有符合中国文化价值观、社会和法律制度、信仰，以及民俗生活方式的伦理规则。这需要民俗影视记录者们的共同努力来实现。

例如，近年来在美国高校等机构普遍推行的"IRB"制度，即要求每个学校和相应的单位必须成立"机构审查委员会"对所有"以人为对象"的各个学科的采访调查等田野项目计划进行审查，确保该项目不会"伤害"被采访或被研究对象。这是美国联邦的法律，是由美国卫生健康和人事服务部制订的。但其实质还有另一层意思，就是避免为该机构引来"麻烦"，即法律诉讼等。这个规定本身也是一个伦理问题，即，这些"符合伦理的"规则在极大程度上束缚了研究者，也可能因此阻碍科研发展，那这符合人文探索精神吗？因此，在美国学界一直存在有关的辩论，即什么样的项目属于此类"研究"，如何在符合伦理的前提下发展真正的科学研究。

目前，一个重大变化是，美国历史学会在2017年1月发表一个学会声明，在几个方面做出调整，将从2018年开始，不再将以下活动视为上述"研究"，即"学术和新闻活动（例如，口头历史、新闻报道、生平传记、文学批评、法律研究和历史学术研究），包括搜集和使用那些直接针对某些个人而获得的信息"。而此条款则是联邦法律中的规定。相信在其他学科也会有相应的调整。这一切都不意味着研究者可以违背本人的伦理准则。

无论是在什么社会，维系其传统价值观的民俗活动与研究活动应该是相辅相成的。而民俗影视的制作者和研究者更应是该伦理体系的践行样板，因为，民俗影视记录作品会代表其作者个人和当时学界以及社会的伦理价值观长期存在下去。

## （一）美国民俗学会的伦理准则[*]

**美国民俗学会伦理声明：职业责任准则**

（1988年2月，《美国民俗学会简报》17卷第一期，发表生效。）

学会执行理事会于1987年10月例行会议通过了美国民俗学

---

[*] 中译文由张举文译自美国民俗学会官方网页。

会伦理声明的最后修订稿。虽然下面的声明得到了理事会的通过，但是，本声明不应被视为有关问题的最后定稿。理事会希望，同时也敦促会员们深究本声明的核心问题与实际影响，最重要的是通过《学会简报》和《美国民俗学刊》交流对伦理问题的表述与观点。

**前言**

本准则声明是为了清楚表述职业民俗学者的职业责任。民俗学工作者，不同于多数其他职业工作者，与来自诸多不同社区和社会经济背景的人打交道。因此，他们的职业场景尤其不确定和复杂。他们以不同方式涉入到自己的学科、涉及自己的同事、学术，以及配偶，与自己的和所研究的国家的政府打交道，特别是在实地调查中处理与所涉及的个人和群体的关系，以及与所在国家的不同利益群体的关系。因为民俗学工作者所研究的问题与进程影响到人类共同的利益，所以也面对着尤其复杂的关系问题和伦理上的两难问题。民俗学工作者的一个主要责任是预想到这些，并计划解决这些问题，以为相关的合作者和学术共同体带来尽可能少的损害。

**与被研究者的关系：**

在研究工作中，民俗学工作者的主要责任是针对他们所研究的人。当出现利益冲突时，这些被研究者的利益必须被放在首位。民俗学工作者必须尽一切可能保护为他们提供信息的人的身体、社会和心理上的安全与权益，维护他们的尊严与隐私。

当所研究的内容涉及通过人与人之间的信任而获取的材料和信息时，被研究者的权力、利益和感受必须得到保护。

调查的目的应尽可能地与信息提供者交流清楚。

信息提供者有权力保持匿名。该权力在得到明确的承诺，以及，在尽可能的情况下，没有明确的相反理解时，都应该得到尊重。这些具体要求适应于以摄影机、录音机和其他数据搜集设备的信息搜集，以及通过采访的信息搜集。

不得为了个人获利而利用信息提供者。对他们的服务应当有公平的回报。

有责任对所研究的问题的可预知反响，以及有关该人口群体的出版物做出反思。

有必要将所研究的问题的可预知结果与相关的个人和群体尽可能地交流说明。

**对公众的责任：**

民俗学工作者对自己职业工作的所有可能消费者都要负责任。作为人类行为的研究者，要保证所传播的研究结果以及所陈述的观点的坦率与真实。

**对学科的责任：**

民俗学工作者承担着为本学科和本学科的实践者维护良好名誉的责任。

**对学生的责任：**

对学生，民俗学工作者应该坦率、公平、无剥削，保证学生的利益与进步。作为教师的民俗学工作者，除了讲授专业课程，提供职业咨询，进行学术监督、评价、补偿和审定之外，还承担讲授学术职业伦理道德的普遍责任和有关民俗的具体责任。

民俗学工作者必须提醒学生有关研究的伦理问题，阻止学生参与那些应用有疑问的伦理标准的项目。

民俗学工作者应该以书面形式致谢学生所提供的帮助；当学生的研究被用于出版物时，要给予适当的信誉（包括合作者身份）；鼓励和帮助出版有价值的学术论文；公正地对学生所付出的时间、精力和在研究与写作中的知识能力给予合理的回报。

**对资助方,包括本国的和接待国政府的责任:**

对研究的资助方,民俗学工作者必须诚实说明自己的资格、能力和目的。因此,在他们承担研究任务之前,有责任反思资助方的目的,就资助方的过去行为以及研究数据可能的应用方式等有所认识。民俗学工作者应该特别谨慎,不承诺或暗示接受与自己职业伦理相违背或有冲突的条件;应该要求保证自己不被迫使以得到资助方的研究许可为条件,对自己的职业责任和伦理让步。

民俗研究是承担着科研和伦理责任的有关人的事业。本声明为已被认可的研究标准和该研究的呈现提供了指导纲领。当民俗学工作者以自己的行动将所研究的人、相关同事、学生或其他人置于危险之中,或如果他们自己违背职业承诺,那么,美国民俗学会,通过其职业承诺声明,可以合法地质询有关行动的性质,并采取其法定的权力内所允许的相应措施。

## (二)日本民俗学会伦理纲要[*]

**日本民俗学会伦理纲要**

(2009年10月3日起生效)

**制定伦理纲要的宗旨和目的**

日本民俗学会为了对今后人类文化的研究和丰富的文化创

---

[*] 中译文由周星译自日本民俗学会官方网站。

造做出贡献，并回应社会的信赖，在此制定以会员的研究为中心的学会活动所应遵循的规范，即"日本民俗学会伦理纲要"。日本民俗学会会员必须充分理解本纲要并予以遵守。从事民俗学的教育和指导工作的会员，对学习者也应该充分地传达本纲要的内容，敦促其注意。

**第1条　确保公正和信赖**

有必要自觉应用到在学术研究的所有领域，其自律性均是建立在社会的信赖和托付的基础之上才得以成立的。在民俗学的研究、教育、学会活动以及各种各样的公共性审查当中，均必须在维持公正性的同时，落实对行为的说明责任，以回应社会的托付，而不得有损其信赖。

会员还必须自觉到研究的公益性和社会责任，公开发表研究成果以回馈社会。

**第2条　研究、教育活动的伦理妥当性**

民俗学是以人本身为对象的，因此，在其研究、教育、学会活动等当中，必须考虑社会影响和伦理的妥当性。

特别是在实地调查中，应该充分考虑到研究的方法、内容和成果的发表，均必须是基于调查对象及该社会的同意来进行。

在使用公共的研究资金时，必须注意要公正、合理地使用。在活动的所有场合，均必须遵守法令和有关法规。

**第3条　保护知识产权**

研究、教育活动必须依据知识产权制度，在恪守自己的研究所应具有的独立性的同时，时刻留心保护他人的知识产权。绝不容许侵害著作权和论文等的剽窃与盗用之类行为。即便是在原封不动地记录访谈调查中的言论，以及在利用访谈对象的笔记等场景下，也必须留意这一点。

在学会运营中，必须保护个人的知识产权。

**第4条 保护人权、隐私及个人信息**

在研究、教育及学会活动等场合，必须尊重人权，同时对于个人信息的管理和肖像权的保护，也应该遵从法令的规定，慎重地予以对应。

民俗学以实地调查为自身学问的存立基础，必须注意不能让实地调查的访谈对象及其社会因为研究者的资料公开、论文等著述而蒙受不当的损失，或导致其隐私及肖像权受到侵害。

**第5条 排除歧视和骚扰**

在研究、教育及学会活动等无论任何场所及场合下，均不得有涉及人种、性别、年龄、思想信条、性取向、出身、宗教、地位、职业、身体残疾与否、家庭状况等的对于个人和团体的歧视及高压。也必须严禁性骚扰、学术骚扰、权力骚扰等各种形式的骚扰行为。

**第6条 排除诽谤中伤**

在研究、教育及学会活动等场合，必须排除没有根据的诽谤中伤。特别是社会影响很大的学会所发行的印刷物以及负责网站等的编辑和管理的人员，必须最大限度地留心这一点。

**第7条 会员的义务和责任**

日本民俗学会会员必须遵守本伦理纲要的内容，切实尽到学会运营的义务和责任。

**附则**

（1）日本民俗学会下设"日本民俗学会伦理委员会"，其目的是审议民俗学的调查、研究及教育等活动中涉及伦理的有关事项。伦理委员会的设置规定拟另行制定。

（2）学会会员违反本伦理纲要所定内容、背离了作为研究者的伦理妥当性时，经伦理委员会及理事会审议，会长有权处分该会员。处分的内容分为严重警告、一定时期内中止学会活动、除名三种。除名处分，须经会员大会审议。

（3）本伦理纲要自2009年10月3日起实施。

（4）本伦理纲要的变更，须经伦理委员会、理事会及会员大会审议。

### 日本民俗学会

根据"日本民俗学会伦理纲要"开展调查、研究的方针

**方针的宗旨和目的**

在学术研究的各个领域，当前，数据的捏造、研究费的不正使用、著作权的侵害等问题均处于多发状态。就民俗学这一门学问的特质而言，其研究的基础是建立在实地调查，尤其是直接以人为研究对象的调查之上，由此可以指出，截至目前，也实际存在着可称为"调查被害"，亦即在实地调查现场的过分行为，或使人们丧失信任感之类的行为。在某种意义上，它们可被理解为是涉及调查地人们的人权问题。特别是近年来伴随着人权意识的高涨，不仅在调查地的现场，即便是在学术的场景下也一样，对此，学会会员必须时刻注意。

民俗学是以回馈社会的托付才得以成立的学问领域，在调查、研究或教育的现场所发生的人权侵害，以及各种不正和伦理观的欠缺，都会对民俗学今后的存续构成阻碍，对民俗学的发展和学会会员的研究活动构成阻碍。

为了对应此类问题，日本民俗学会于2009年10月制定了

"日本民俗学会伦理纲要"。本方针基于该纲要的内容,就日本民俗学会会员在调查、研究、教育及社会活动等各种场景下均应该留心的基本理念和姿态予以具体的例示。希望学会会员熟读本方针,并充分予以活用。

1.调查中应该留意的事项

(1)关于调查对象和调查地

从事调查时,有必要时刻注意站在调查对象及调查地的立场上进行。在调查中需要从访谈对象获得各种信息时,其收集方法无论在任何场合,均有必要在事前就调查的目的、所获信息的利用方法、具体的公开方法、个人信息的管理方法等对访谈对象予以说明,并获得其同意。说明之后,访谈对象仍拒绝合作的话,不应强求,而应最大限度地尊重访谈对象的意向。

2005年4月,《个人信息保护法》得以施行。民俗调查的很多场合均会涉及个人信息,因此,有必要细心地予以注意。特别是在调查报告的记述中,必须严格遵守本法律,致力于保护访谈对象的个人信息。

(2)调查结果的公开

调查的结果,原则上必须以某种形式回馈给访谈对象及调查地。

公开调查结果是调查者的社会责任,必须切实进行。其时,必须充分考虑到不能因为公开调查结果而对访谈对象及调查地造成明显的伤害。

调查所获得的资料必须得到公正的处置。尤其不能有伪造、捏造和篡改等行为。应该自觉到这类行为是对访谈对象及调查地的背信弃义。对于调查所获得的信息,在调查结束之后仍有必要严谨地予以管理。

调查者必须注意不能自我中心地去接触访谈对象或强加己见给对方，避免有损其形象。调查者在调查过程中必须时刻秉持真挚的态度，注意要对调查地和访谈对象诚实相待。

（3）在海外进行调查时应该留意的要点

在海外实施调查时，最重要的是必须遵守该国家的法律。同时要充分地考虑到当地的习惯，以当地本位的姿态开展调查。

2.公布研究成果时的留意事项

（1）关于著作权的留意要点

学术研究中最需严禁的行为是对资料的伪造、捏造和篡改等行为。在当今的研究界，除此之外，还有涉及"著作权"的各种问题值得引起重视。"剽窃"不仅在学术界，其在文学的世界也是最应该受到重视的伦理问题。公开发表研究成果时，必须对"著作权"问题予以考虑。例如，在引用先行研究时，尽管常识是应通过脚注和注释等方式对原作予以明确、详细的记载，但也有因不同的表记方法而使原作暧昧不清，或即便给出了书籍的名称，却没有明确提示究竟是引用了其中的哪些论证等情形，这类例子尤其是在引用论文集及教科书等场景下较为多见，其理由一般是为了避免繁杂而将脚注和参考文献的表记简化了。但即便多少有些繁杂，也有必要留心对脚注、注释和参考文献予以正确和详细的记述。从网络引用内容时，也必须注明出处。

（2）关于影像·照片资料等的处置

由于影像和照片资料不仅涉及著作权，还潜含着肖像权的问题，因此，有必要特别留意对它们的处置。利用在调查地借来的影视及照片等情形，当然需要得到许可才能够使用。在利用他人拍摄的影像、照片资料以及他人制作的图表、绘画资料，或者使用已经发表在刊物上的影像、照片等资料时，必须得到著作权人的同意，并不得侵害著作权和肖像权。此外，对于网络上刊载的影像、照片等，也有特别的必要去留心，不得在没有获得著作权人的许可时任意使用。

（3）尊重原创性

公开发表研究成果，无论是论文，还是口头发表，大的原则是仅限于未曾发表的内容。应该自觉到对于已经发表的论文改写后再予以口头发表，或将几乎是相同内容的论文向不同杂志投稿，亦即所谓"一稿多投"均是违反规则的行为。特别是相关内容已经在杂志等公开发表的场合下，口头发表必须慎之又慎。

（4）尊重审查的内容

对于向学会机关刊物投稿的论文，匿名审查者必须充分地理解执笔人的研究意图，并站在执笔人的立场上进行审读。匿名审查者向执笔人提出有关订正等的意见时，执笔人原则上必须对其意见予以诚实的对应。

（5）关于书评的留意要点

在学会机关刊物执笔发表书评时，基本上必须充分尊重对象书籍之执笔者的意图。无论是执笔者，还是书评者，均必须自觉到作为研究者对自身的学问所应秉持的谦逊态度，同时要有接受和自己的见解及解释不同的意见的宽大精神。

3.使用公共性研究资金应注意的事项

（1）研究资金的妥当支出

使用以科学研究费补助金为主的公共性研究资金时，必须时刻留心使用的妥当性。必须严禁在调查、研究所必须的用途之外的不正确使用和不正当操作。

（2）研究成果的公开发表

调查者理所当然地应该对调查的成果负起社会责任，并予以适当的公开。特别是在接受公共性研究资金资助的场合下，必须留心应该能够在期限之内公开其研究成果。当研究课题属于共同的合作研究时，课题负责人应该特别留意不让课题组的成员蒙受损失，并致力于成果的公开化。

4.关于骚扰问题所应留意的事项

（1）教育、研究中的骚扰问题

在教育的现场及学会活动当中，必须自觉到性骚扰、学术骚扰以及权力骚扰等，均是涉及基本人权的重要事项，必须严肃地留意不做出任何相当于骚扰的行为。特别要注意，不仅在教育的现场，而且在任何其他场合，教员和前辈对于后学进行指导时，切忌把自己的观点和价值观强加给对方，同时也不应介入私人性的感情。在调查活动等环境中，容易发生借口严格指导而导致出现权力骚扰的情形，对此应充分注意。

（2）投诉窗口为日本民俗学会伦理委员会

包括骚扰问题在内，涉及所有伦理问题的投诉窗口，是日本民俗学会下设的"伦理委员会"。以调查和执笔等为主，在所有的学会活动中一旦发生了日本民俗学会会员违反伦理纲要的行为，希望报告给本伦理委员会。伦理委员会在接受投诉或报告时，必须尊重个人隐私，遵守保密义务，并诚实地予以应对。

5.学会活动所应留意的事项

（1）会员的活动

日本民俗学会会员无论处于哪种立场，均应经常、积极地参与学会活动。日本民俗学会定期举行评议员选举,所有会员均拥有选举权。在评议员选举中,不应弃权,而应该积极地参与投票。

（2）向学会机关刊物投稿及研究发表

关于向学会机关刊物投稿,希望会员遵照"投稿规程·执笔要领"积极地投稿。每年举行的年度研究大会等,也希望会员积极参加和发表。关于研究发表,应该留意不在学会临召开之前取消。这不仅会让学会运营者感到困扰,还难免使学会的品格下降,因此,会员应该秉持负责的态度。

**附则**

（1）本方针自2009年10月3日起施行。

（2）本方针的变更或改订,须经伦理委员会、理事会及会员大会的审议。

## （三）美国人类学会伦理法典[*]

### 美国人类学会伦理法典

一、总论

人类学的研究者、教师和从业者是诸多不同社团的成员。每个团体都有其自身的道德规则或伦理典章。人类学家作为不

---

[*] 中译文首载于《中国人类学的定位与规范》,高丙中、龚浩群主编,北京大学出版社,2015,第119–128页,王媛译；张海洋、赖立里校。该法典于2009年2月通过。本附录省略了原文的第八部分：鸣谢,第九部分：其他相关伦理规则。

同于其他群体（如家庭、宗教、社团）的专业成员，有其道德义务。他们对于学术学科，对于更广泛的社会和文化，对于人种、物种及其环境也都负有义务。此外，田野工作者还会跟一同工作的其他人或动物发生密切关系，从而引发更多层次的道德考量。

在一个涉及关系和责任如此复杂的领域里，不可避免地会出现误解、冲突，以及需要在明显相互抵触的价值之间做出选择。人类学家有责任应对这些困难并通过与本处所述原则相符的方式争取其解决。本法典意在促成讨论和教育。美国人类学协会（AAA）并不裁决维护不道德行为的辩诉。

本法典的原则和指南旨在为人类学家在其卷入的所有人类学工作中发展和保持伦理框架提供各类工具。

二、导言

人类学是研究人类所有方面的多学科科学和学识领域。它包含生物学、考古学、语言学和社会文化等分支。人类学的根系遍布于自然、社会科学和人文学科，其方法覆盖从基础到应用的研究及学术阐释等领域。

AAA作为代表人类学广度的主要组织始终坚持如下立场：产生和恰当利用（如出版、教学、专业开发和政策咨询）世界各地人民的知识（无论过去还是现在）乃是有价值的目标；人类学知识的生成是一个涉及诸多不同且不断发展之方法的动态过程；出于道德和实践原因，知识的生成和运用应以合乎伦理的方式获得。

AAA的使命是推进人类学研究的所有方面，并通过出版、教学、公共教育和应用来促进人类学知识的传播。协助教育

AAA成员在人类学知识的生成、传播和运用中所涉及的各项道德义务和挑战，乃是这一使命的重要组成部分。

本法典旨在向AAA成员和其他有关人员提供他们在人类学工作中做出伦理选择的指南。因为人类学家会发现他们自身处在复杂的情境中，且会受制于不止一套道德规范，所以AAA伦理法典提供的只是一个决策框架而不是铁定公式。AAA鼓励所有以本法典为研究和教学指南的人大胆寻求解说范例和研究适当案例来丰富其知识基础。

人类学家有责任知晓与其工作相关的伦理规范，并应就当前研究活动和伦理问题接受定期的培训。此外，颁授人类学学位的系科应在其课程中包含伦理培训课程并指定其为必修课。

法典或指南最终不能预见特定场景下的独特情况和直接行动。个体人类学家必须准备在谨慎的考虑之后做出伦理抉择，并准备澄清其做此选择所依据的假设、事实和问题。因此，本指南所涉及的乃是人类学工作中要做出伦理决策时应予考虑的一般场景、优先性和关系。

三、研究

人类学研究者在提出计划和开展研究时，必须将研究目的、潜在影响和研究项目的资助来源等信息向出资人、同行、研究对象或信息提供者以及受研究影响的有关各方公开。研究者必须准备以恰当方式使用其工作成果，并通过适当和及时的活动来发布这些结果。凡能满足上述期待的研究，无论其资金来源（公共或私人）或工作目的（"应用""基础""纯粹"或"专有"）为何，均属合乎伦理。

把学科伦理作为妥协条件而去争取参与研究项目，人类学研究者必须对此危险保持警惕，同时还应努力保持良好的公民或主客关系水准。在寻求形塑公共或私营领域的行动和政策时，积极的贡献和引领可能跟不作为、超脱事外及不合作一样合乎伦理，一切视乎情境。相似原则对于受雇或附属于非人类学机构、公共机构或私营企业的人类学研究者同样有效。

**甲 人类学研究者对于与自己一道工作及其生活和文化被研究的人和动物的责任**

1.人类学研究者对于其研究的人民、物种和资料及与其共同工作的人员有着首要的伦理义务。这些义务高于寻求新知识的目标，并可导致人类学研究者在首要义务与其他责任例如与对赞助者或客户的责任相冲突时，做出不承担或中断执行某一研究的决定。这些伦理义务包括：

· 避免伤害或失当，理解到知识开发可能导致的改变对于与其一道工作的人员和动物或研究对象会有正面或负面后果

· 尊重人类和非人类灵长动物的福祉

· 致力于考古、化石和历史记录的长期保存

· 以建立对相关各方都有惠益的工作关系为目标，积极与受影响的个人或群体协商

2.人类学研究者在执行和公开其研究或发布其研究结果时，必须保证不伤害与其一道工作、开展研究或实施其他专业活动，乃至被合理推断为可能受其研究影响人员的安全、尊严或私密。研究动物的人类学者必须尽全力确保不伤害所研究动物的身体安全、心理安宁或其物种生存。

3.人类学的研究者必须事先确定其信息拥有人/提供者是否愿意保持匿名或得到鸣谢，并尽其所能遵从这些意愿。研究者

必须向研究参与者说明不同选择的可能后果，并声明尽管他们会做出最大努力，但其匿名仍可能被识破或其承认/鸣谢仍可能难以兑现。

4.人类学研究者应事先获得被研究者、信息提供者、目标材料拥有者或相关路径控制者及其他已知有可能被研究结果影响其利益的人们的知情同意。我们理解此处要求知情同意的深度和广度会依项目性质而定，且可能受到其他法典、法律及项目所在国家或社区伦理要求的影响。我们进而理解争取知情同意的过程有动态性和持续性；该过程应在项目设计中启动并在实施中以与目标群体对话和协商的方式持续进行。研究者有责任识别和遵守对项目有影响的各种关于知情同意的规范、法律和条例。就本法典而言，知情同意未必等于或必须要求某种特定的书面或签字形式。同意的质量而非形式才是要旨所在。

5.人类学研究者与提供信息的个人或地方主人发生密切持久关系（如契约关系）时，必须履行开诚布公和知情同意的义务，同时应谨慎谦恭地与对方商榷此种关系的权限。

6.人类学家固然可从研究中获取个人利益，但万万不得剥削滥用当地的个人、群体、动物，或文化及生物资料。他们应承认对工作于其中的社会有所亏欠，因而有以适当方式回报当地目标人群的义务。

**乙 对学术和科学的责任**

1.人类学研究者必须预计在其工作的每一阶段都会遇到伦理困境，且必须在准备项目建议书之前和项目开展之中都做出真诚努力去辨别潜在的伦理要求和各类冲突。每一份项目建议书都必须有提出和回应潜在伦理问题的章节。

2.人类学研究者对其所在的学科、学术和科学的诚信和名誉负有责任。人类学研究者因而必须服从科学或学术行为的伦理准则：他们不得欺骗或有意做不实的陈述（例如捏造证据、歪曲事实或抄袭剽窃），不得试图对不当行为隐瞒不报或阻碍他人的科学/学术研究。

3.人类学研究者应尽其所能保护晚辈田野工作者追随他们到同一地点做实地调查的机会。

4.人类学家有责任就其研究的性质和目的对所有利益相关者开诚布公。他们不得就其研究目的、资金来源、研究活动或研究发现做不实的陈述。人类学家不得在研究资助来源、研究目的、方法、成果或预期影响等方面欺骗研究对象。蓄意就研究目的及其影响对研究对象做不实的陈述如同做秘密研究，乃是断然违背研究伦理的行为。

5.人类学研究者应以恰当方式使用他们的工作成果，并尽可能将其发现向科学和学术社团发布。

6.人类学研究者对出于研究目的而借用其数据或其他研究材料的所有合理请求应予认真考虑。他们还应尽一切努力妥善保存其田野工作数据以为晚辈学人所用。

**丙　对公众的责任**

1.人类学研究者应以恰当方式使其研究结果能为资助者、学生、决策者和其他非人类学家所用。他们在为此准备材料时必须忠实：不仅要对其所陈述事实的内容负责，还必须谨慎考虑其公布信息的社会和政治意涵。他们必须在力所能及的范围内竭尽全力保证这些信息的语境清楚，能被人确切理解和恰当使用。他们应使其报告所据的各种经验基础明确，必须坦言其学术资质和哲学或政治倾向，必须承认并澄清人类学专家知识的局限性。他们同时必须提防其信息对与其一道工作的人们或同事可能造成的伤害。

2.人类学家在处理其自身与本国政府、东道国政府或研究资助人的关系时，应诚实率直。人类学家不得把学科伦理作为妥协条件，亦不得同意那些不正当地改变其研究目的、关注点或预期结果的条件。

3.人类学家可以在公布研究成果的同时，选择是否进而采取倡导者的立场。此为个人决定而非伦理责任。

四、教学

**对学生和学员的责任**

人类学教师在遵从所在教育机构或更广泛组织管控教师/导师与学生/学员关系的伦理和法规法典的同时，必须对此类典章在本学科内的应用方式高度敏感（例如当教学涉及其与学生/学员在野外条件下密切接触时）。人类学的教师应像其他教师/导师一样遵守学界公认的如下戒条：

1.教师/导师执行研究项目应首先排除任何基于性别、婚姻状况、"种族"、社会阶级、政治信念、身体伤残、宗教信仰、族裔背景、国家来历、性爱取向、年龄或其他无关于学术表现指标的歧视。

2.教师/导师的职责包括不断地努力改进其教学/训练技能；随时对学生/学员的兴趣做出回应；劝导学生/受训者脚踏实地对待就业机会；忠实地督导、鼓励和支持学生/学员的各项研究；在通讯评议中公正、及时和可靠；辅助学生/学员获取研究资助并在学生/学员寻求专业职位时给予支持。

3.教师/导师应在人类学工作的每一个阶段涉及伦理的挑战

中为学生/学员做出表率；鼓励他们仔细考虑本法典和其他法典；鼓励同事之间在伦理问题上的对话交流；并劝阻他们参与有违背伦理的项目。

4.教师/导师对学生/学员在其研究和著作形成中所提供的辅助应给予公开致谢；应给予作为其共同作者的学生/学员以恰当名分；鼓励学生/学员发表有价值的论文；并根据学生/学员在一切专业活动中的参与程度给予应得报偿。

5.教师/导师在卷入与学生/学员的性爱关系时应谨防由此导致的滥权和严重利益冲突。他们必须避免与本人有教育、职业培训和管理关系的任何学生/学员发生性爱联系。

五、应用

1.同样的伦理指南适用所有人类学工作。即人类学家在无论提出研究还是在执行研究时，都必须就每项研究的目的、潜在影响、资助来源等方面向出资者、同事、研究对象或提供信息人开诚布公。应用人类学必须有意并期待在合理的时间内以适当方式将本人工作成果投入使用（例如用于出版、教学、项目或政策开发）。在人类学知识得到应用的情况下，他们对于其技能和意向的公开坦诚承担相同责任，并要监测其工作对所有人的影响。人类学家可能卷入的很多类工作往往会影响利益相异的甚至有时是冲突的很多个人和团体。个体人类学家必须谨慎权衡伦理选择，并准备澄清其选择所据的种种假设、事实和问题。

2.在与雇主的所有交易中，受聘做人类学研究或应用其人类学知识的人应向雇主坦陈其资质、能力和目的。在他做出任何专业承诺之前，必须检视潜在雇主的目的，特别要仔细考量该雇主以往的活动和未来的目标。在为政府机构或私营企业工作时，他要特别谨慎，不得接受或暗示接受与职业伦理相违背或有抵触的任何委托。

3.应用人类学家如同任何人类学家一样，应当高度警惕以妥协人类学伦理为条件去参与某项研究或实践的危险。他们还应留意殷勤好客、好公民和为客之道的适当要求。在形塑公共或私营部门的各项行动和政策中，不作为、超脱事外与不合作在伦理上可能跟积极的贡献和引领一样无可厚非，一切视乎情境。

六、成果的发布

1.人类学研究成果复杂多样，受多种阐释的影响并容易遭到种种并非出于研究者本意的使用。人类学家有伦理上的责任去考量其研究及相关成果的交流或发布对所有直接、间接相关对象的潜在影响。

2. 人类学家不能拒绝与研究参加者分享其研究成果。但当同他人分享研究成果有特殊的限制境况时，限制公开也属于适当和符合伦理，尤其当其目的是保护参与者的安全、尊严或私密，保护文化遗产或者有形或无形的文化产权或其知识产权时。

3.人类学家必须在任何特定条件下权衡其研究结果预期与潜在的应用及其发布的后果，以此决定限制其可及性是否正当和符合伦理。

七、结语

人类学的研究、教学和应用，像任何人类行动一样，会使人类学家个体和集体面临在承担伦理责任方面的种种抉择。由于人类学家是各类群体的成员，因而要受制于各种伦理规范，并且有时不仅要在本法典所述的各项义务之间做出选择，还要在本法典的义务与同时存在的其他身份或角色义务之间做出选择。本法典的条款既非指令选择亦非建议制裁。它仅旨在促进讨论并为做出对伦理责任的各项决策提供一般的指南。

## （四）日本文化人类学会伦理纲领[*]

**日本文化人类学会伦理纲领**

**总则**

日本文化人类学会在此制定的"日本文化人类学会伦理纲领"，将成为文化人类学的研究、教育及学会运作所应该依据的伦理原则和基本理念。

本纲领是日本文化人类学会会员应悉心留意的伦理纲领，为了不辜负社会的信赖和托付，同时也为了文化人类学调查和研究的进展，会员应充分认识并遵守本纲领。

文化人类学的调查和研究与所有的学术一样，都是在社会信任和理解的基础之上才得以成立的。无论是在成为调查和研究之对象的社会，抑或是在研究者所属的社会，此乃共同的真理。因此，我们应该时常自觉到学术的公共性和公益性及其社

---

[*] 中译文首载于《中国人类学的定位与规范》，高丙中、龚浩群主编，北京大学出版社，2015，第116–118页，周星译。

会责任，在真挚地追求知识的同时，还应该使其成果对人类社会的和平与福祉有所贡献，必须努力使学术成果广泛地回馈于社会。

在从事文化人类学的教育和指导研究之时，亦应遵循本纲领、对文化人类学教育及文化人类学研究中的伦理问题予以充分的留意，并应敦促学习者也对此予以关注。

为促进文化人类学研究及教育事业的发展，为学术品质的提高和创造性研究的进一步发展，本纲领强烈敦促日本文化人类学会会员，对各自从事的研究和教育工作中的伦理问题应有所觉悟。

**作为地球市民的伦理**

第1条（尊重人权及其各种权利）

我们在任何场所、任何场合下都尊重人权，并留意个人隐私、肖像权、知识产权、著作权等，绝不侵害上述各种权利。

第2条（禁止歧视性对应）

我们绝不能有基于年龄、性别、性取向、思想信念、信仰、是否残疾、民族背景、身体的自然特性、国籍、血统等的任何歧视性对应。

第3条（禁止骚扰）

我们绝不能有任何相当于骚扰的行为。

**对于调查地和调查对象人们的伦理**

第4条（说明责任）

在从事文化人类学的调查、研究之际，对于调查地和调查对象的人们，我们必须铭记自己负有就本项调查，研究目的、方法及其成果发表等予以说明的责任。

第5条（防止加害和不利于调查对象）

我们必须在确保调查、研究对象及相关人士的生命、安全、财产绝不会受到损失或侵害，同时也不会发生直接或间接的伤害和对他们不利情形的前提下，基于万全的体制从事调查和研究。

第6条（调查、研究成果对当地的回馈）

我们应该努力地使调查和研究成果回馈给当地，应该意识到其在当地得以应用的可能性，从而更广泛地贡献于社会。

**研究者之间的伦理**

第7条（禁止盗窃、盗用和捏造）

我们绝不能盗窃或盗用他人的研究成果，绝不能捏造资料。

第8条（合作研究的实施及成果发表，应明确著作权）

由多名研究者合作从事的调查、研究，或在获得他人协助而实施调查、研究的情形下，必须注意应该就工作分担、责任所在以及成果公开发表时的著作权等问题，达成充分的共识。

第9条（确保相互批评、相互检验的空间）

我们应该秉持开放的态度，努力确保相互批评和相互检验的学术空间。并且，绝不能妨碍他人的研究。

**对于雇主和资助提供者的伦理**

第10条（如实告知资格和技能）

我们必须对雇主和资助提供者，如实告知自己的资格和技能，不得有伪造。

第11条（资金的正确使用）

我们必须正确、合理地使用来自雇主和资助提供者的资金。

第12条（公正的契约）

我们应该留意不和雇主及资助提供者缔结违反本伦理纲领的契约或约定。

**附则**

1　本纲领自2008年6月1日起施行。

2　本纲领的变更，必须经过日本文化人类学会理事会及评议员会的讨论，并由日本文化人类学会大会通过决议方可。

## （五）联合国教科文组织《保护非物质文化遗产的伦理原则》*

根据2003年《非物质文化遗产保护公约》及现有保护人权和土著人民权利的国际准则性文件的精神，制定本保护非物质文化遗产伦理原则。该等伦理原则代表了一系列范围广泛的理想原则，被广泛地认为构成直接或间接影响非物质文化遗产的政府、组织和个人的优秀实践，以确保其存续力，由此确认其对和平和可持续发展的贡献。该等伦理原则是对2003年《非物质文化遗产保护公约》、实施《公约》业务指南和各国立法框架的补充，旨在作为制定适合当地和部门情况的具体伦理准则和工具的基础。

1.社区、群体和/或有关个人应在保护其自身非物质文化遗产中发挥首要作用。

---

\* 此伦理原则于2015年通过。本附录转载自联合国教科文网站：https://ich.unesco.org/en/ethics-and-ich-00866。

2.社区、群体和有关个人为确保非物质文化遗产存续力而继续进行必要实践、表示、表达、知识和技能的权利应予以承认和尊重。

3.在国家之间以及社区、群体和有关个人之间的互动中,应尽量相互尊重并尊重和相互欣赏非物质文化遗产。

4.与创造、保护、维持和传播非物质文化遗产的社区、群体和有关个人之间的所有互动,应以透明合作、对话、谈判和协商为特征,并以自愿、事先、持续和知情同意为前提。

5.社区、群体和有关个人对其存在对非物质文化遗产表达有必要的工具、物品、人工制品、文化和自然空间和回忆地点的享有应予以保证,包括在存在武装冲突的情况下。对享有非物质文化遗产特殊方面的习俗做法应予以充分尊重,即使这种尊重可能限制更大范围的公众享有。

6.各社区、群体或个人应评定其自身非物质文化遗产的价值,该非物质文化遗产不应受制于外部对其价值的判断。

7.创造非物质文化遗产的社区、群体和个人应从保护该遗产所产生的精神和物质利益中获益,特别是社区成员或他人对其进行的使用、研究、文件编制、推介或改编。

8.非物质文化遗产的动态和鲜活本质应持续获得尊重。真实性和排他性不应构成对非物质文化遗产保护的担忧和障碍。

9.社区、群体、地方、国家和跨国组织和个人应对可能影响非物质文化遗产存续力或相关社区的任何行动所造成的直接或间接、短期或长期、潜在和确定影响进行仔细评估。

10.社区、群体和相关个人应在确定何物对其非物质文化遗产构成威胁(包括脱离情境、商品化和失实陈述)以及确定如何防止并减轻该等威胁时发挥重要作用。

11.应充分尊重文化多样性及社区、群体和个人的特性。就社区、群体和个人承认的价值及文化规范敏感性而言,在设计和实施保护措施时应特别考虑性别平等、青年参与和对族裔特性的尊重。

12.非物质文化遗产保护对人类具有普遍意义,因此应通过双边、次区域、区域和国际各方合作进行;但是,不应将社区、群体和有关个人同其自身非物质文化遗产相分离。

# 附录二 民俗搜集与拍摄记录中的访谈技巧举例[*]

很多强调实地调查的学科都有不少相关的进入现场、提问记录、整理分类,以及建档公开的论述和实用手册。因为每个记录者都有着各自的特点、不同的研究方向和基础,而且,每个被访谈者也有各自的性格和传统,所以,不可能使用统一的问题。记录者必须学会在现场灵活应对,而不被任何预设问题所拘束。总之,最有效和有价值的问题一定是你自己根据所具备的知识和技能,根据现场情况提出的问题。

作为民俗纪录片拍摄者,拍摄者通常不仅是"编剧""导演""摄像""录音""灯光""场记",还要充当访谈人。当然,他(她)首先是一位民俗搜集和记录者。尽管在有团队合作的情况下,可能通过分工减少自己的工作量,但是,作为一个民俗纪录片的制作者,拍摄记录者要通过实践,将拍摄(以及后期编辑)技术、思想观点、伦理常识,通过访谈等与被访谈者的直接互动而成功结合起来。

民俗搜集和记录者有必要吸收不同学科有关田野作业的技巧,博采众长。根据每个项目的不同主题、涉及的人员、社会

---

[*] 本附录由张举文据美国《史密森民间生活与口头史采访指南》编译。

经济以及自然条件,做出行之有效的采访大纲。这里,根据美国国会图书馆的"民俗生活中心"的一个指导样本,编译出以下采访提纲,仅供参考。

一、为访谈做准备

(1) 访谈之前:

在访谈之前,要获得被访谈人(如传承人)的许可,约定对方觉得妥当的时间和地点。许可包括两部分:一是向对方说明,可否在访谈时用纸笔做笔记;二是向对方说明,你是否携带并使用摄像或录音设备。

必须明确:对方清楚你访谈的目的,对方清楚你将如何处置所做的笔记、所录的音声、所拍摄的素材(影像材料)。例如向对方说明:这项工作是否是你的课程作业;你是否要写对方的家史、村落史或村落民俗志;你是否要组织展览或其他公开展示;你是否要写一篇报道发表在报纸或网站上;你是否将所记录的材料复制给对方作为其家史的一部分;你是否会将所记录的材料存放在某个图书馆或档案室?

做好充分的功课预习。有必要对所访谈记录的对象个人或群体有适当的背景了解。可以通过图书馆、博物馆、档案室、网络,甚至了解情况的个人咨询或请教。搜集有关的图书、文章、图片、地图等文件资料。力争知己知彼,以便访谈顺利,获得最大价值。

事先列出所要问的问题。每个问题要清晰而不致引起误解,言语简单而不复杂,内容开放而不是对某个想法的同意或不同意。特别要避免那些只需直接肯定或否定的问题。例如,"你觉得——?""为什么——?"这样的提问就比

"是不是——？"这样的提问更能引起对方的完整的讲述。

心中要明确什么是自己的核心问题，但又不局限于这些问题或已经准备好的问题。无论是备好的还是即兴的问题，都要有助于访谈的进行，最终聚焦于核心问题。

准备访谈也要有个整体构思，如同一个叙事故事，有开头、发展和结束。将所有的问题按照一定逻辑有机地联系起来。

（2）访谈过程中

在正式访谈前，花些时间介绍自己，缓解可能的紧张气氛，营造一种轻松愉快的氛围，同时也建立起与访谈对象的友好关系。比如，可以讨论访谈的目的，说明做访谈计划和性质等。同时，将摄像或录音设备设置好，易于操作，使每个镜头的画面有比较理想的构图，使所有可能说话的人的声音都能清晰录下来。如果是一个小团队的工作，就要按照事先的分工，有序进行。特别要注意避免各种声音干扰，如附近的交通噪音或各种音响。例如，如果是在室内的谈话场景，墙上的钟表嘀嗒声会被非常清楚地录下来，成为极难消除的干扰声。

在正式拍摄前，一定要试验拍摄一下。也就是，先拍摄一两分钟，然后再回放，注意光线与声音的质量。

作为一个特别经验，基于特定文化背景，如果事先征得书面许可不方便，可以利用此时将征得许可的问题和回答拍摄下来。这也是本手册强调的伦理观念的具体实践。例如，首先介绍你自己和访谈对象，询问访谈和拍摄许可，说明时间地点，介绍所拍摄的专题等。

开始的问题要帮助访谈对象缓解紧张感。例如，可以询问,"您是在哪儿出生的?"或是先提到你之前听说的关于访谈对象的故事,或是当地的其他有趣故事等。这样的问题有助于打破僵局,进入访谈。

注意,避免那些"是不是?"的问题。同时,要友好地直视讲述者,以点头和微笑鼓励讲述者完成一段叙事或回答一个问题。

要作为对话的平等参与者,而不是主导者。

要学会并有效运用"沉默"——让讲述者有足够的时间思考。

要能够跟随讲述者的思路,随时调整自己预先准备的问题,保证整个叙事的顺利,同时又不打断讲述者所讲的重要部分。这样做,有利于获得预想之外的有意义和价值的内容。

善于利用各种视觉和听觉材料以便从访谈中得到更多有价值的信息。例如,老照片、影集、信件、传家宝、家里的老家具或工具等,都有助于讲述者回忆和回答问题。

在访谈过程中,切忌关闭或时开时闭拍摄和录音设备。这样操弄拍摄和录音设备有可能错过重要的细节,也会让被访谈者感到你对所听到的不感兴趣。

访谈接近结束时,要再看看自己做准备的问题清单,避免漏掉重要问题。

要有"通情达理"的"人之常情"。如果被访谈者表现出疲劳或不适,或者环境有预想之外的变化,要及时终止访谈,另约时间。通常,一次访谈在一两个小时内完成为适。作为伦理践行,要从被访谈者的角度考虑,而不是自己"完成任务"的角度来考虑。

（3）访谈之后

要确认被访谈者签下书面的许可，并满足被访谈者的各项要求或条件。要按照事先所承诺的使用方式去征得许可，然后再使用。不能不经许可而用于所承诺的范围之外的用途。也不能承诺不能做到的使用。要保持伦理意识，尊重和保护被访谈者的隐私和利益。

将所记录的影像和书面材料备份、标记清楚人名和时间地点，以便进一步分类、建档和使用（另见本手册有关论述）。要利用文字记录下镜头之外的背景信息、个人观察和感受。

访谈之后，一定要以适当的方式对被访谈者以及有关人员表示感谢。例如，可以寄上感谢卡、一份小礼物，或一份备份的影像材料。

二、可能要提出的具体问题

（1）有关个人信息等问题：

您好！请问，您贵姓？（您叫什么名字？）您是在哪儿（什么时候）出生的？在哪儿长大的？都在哪儿住过？做过什么工作？现在从事什么工作？

（2）有关家庭民俗：

您的姓氏有什么起源故事吗？您的名字有什么特别意义吗？您的辈分名是那个字？您的兄弟姐妹或孩子都叫什么名字？您家有什么特别的起名传统吗？

您家（族）最早是什么时候到这儿来的？以前在哪里？为什么搬家迁移？一直靠什么为生？家族人都在附近吗？还有在哪里住的？（根据被访谈者的辈分情况，）为什么搬到这来？当时的情况如何，生活条件怎样？怎么过年过节？和现在有什么不同？为什么不同了？

您会说什么话（方言、语言）？您在哪儿上过学？是否在不同场合说不同的方言？用不同语言或方言或口音有没有常用的说法、笑话或故事？比如说？

您有什么家传的故事吗？这是您父辈还是祖父辈传下来的故事？还有什么家传的说法或歌谣？

有什么特别的求婚故事吗？您自己或父母或祖父母是怎么认识结婚的？当时的家庭背景怎样？

您对童年有什么记忆？小时候常玩的游戏有什么？那时的儿歌有什么？怎么唱？有什么玩具？哪来的？自己做玩具吗？还有什么娱乐活动？

您家怎么过年过节？都过什么节？怎么过？最重要的是什么节？有什么特别的吃的、玩的、唱的，或者是举行的仪式？有自己家的特别的吗？为什么？

您家有什么特别的饮食传统吗？哪个菜是特别家传的？什么时候开始的？怎么传下来的？您也做吗？这些年有什么变化吧？什么材料或调料变了？当地或别人家是怎么做的？谁负责做？有什么特别的讲究？

您家有定期的团圆活动吗？主要有什么人和什么活动？

您保存着什么传家宝？为什么对您有特别意义？有什么特别故事？

您有特别的家庭影集吗？您家有谁保留和记录家史吗？还有哪些家史故事没被记录下来？您还想记录些什么？

（3）当地历史和社区生活：

您能讲述一下您成长的街区或村落吗？这些年有什么变

化？您觉得变化的原因是什么？

您能画一下您居住的社区地图吗？您家在什么位置？有哪些邻居？您心目中最重要的是什么地方？为什么？有什么特别活动？有什么特别记忆？

现在有什么社区或村落传统？怎么庆祝？都有什么人参加？为什么举行这些活动？

您觉得有什么重大历史事件影响到您的家或社区？有什么影响结果？

（4）文化传统（行业手艺；表演等技能；非遗项目传承人）：

您是怎么开始从事这个行业（手艺）的？是什么最初引起您的兴趣的？

您从事这个行业多长时间了？跟谁学的？学了多长时间？学徒过程有什么特别的地方？最难的是什么？最有意思的是什么？为什么？

这个传统有什么特点？有什么历史？这个传统是怎么起源的？以前是怎么传承的？到现在都有些什么变化？

这个传统需要的特别传统或技能是什么？有什么技巧获得吗？

这个传统还有什么相关的传统吗？有哪些相同和不同的地方？

这个传统的活动的过程是怎样的？如何开始和结束？都涉及什么人或物？需要什么原材料？到哪里获得？如何准备？这些年有什么变化？为什么？需要什么工具？怎么用？

怎么判别做得好不好？有什么标准？大家尊敬或喜欢的是什么？

这个传统在什么情况下才能进行（表演）？为什么人？什么时候？什么地点？

您觉得自己做的最有价值的是什么？为什么？

您觉得这个传统的将来会怎样？有什么挑战或机遇？

您有徒弟吗？准备如何传下去？

# 附录三　征求拍摄授权信的样板 *

　　一般来说，一部民俗影视作品的拍摄需要得到被拍摄者的书面许可或授权。信中要说明一些基本情况，如下所示（如果授权人不识字或无条件阅读签字，可以录像或录音方式就下述内容说明并记录）：

　　我，＿＿＿＿＿＿＿，参与了＿＿＿＿＿＿＿＿＿＿（项目名）项目的采访拍摄。我清楚地知道这个项目是为了搜集影像、音声和文字资料，制作纪录片＿＿＿＿＿＿＿＿＿＿（纪录片名）。有关我的参与的资料都将由＿＿＿＿＿＿＿＿（机构或个人名）保存和保管。我也知道这些资料可能用于展览、出版发行、网络宣传等其他媒介方式，但都是为了教学、公共教育和科研等非营利目的。为此，我同意：

　　授权＿＿＿＿＿＿＿＿＿（机构或个人名）拥有这个项目中与我有关的资料（照片、录音、录像、访谈、文字，以及表演）的使用和保存的权利。此授权不放弃我所拥有的版权或表演权。

---

\* 本附录由张举文编写。

同意＿＿＿＿＿＿＿＿＿＿（被授权人/拍摄记录者）使用我的名字和上述资料进行复制、出版等非营利项目而无需再获得我的许可。

授权人：
日期：
签名：
地址：
联络方式：

# 参考文献

爱森斯坦.1999.《蒙太奇论》.富澜译.中国电影出版社.

艾菊红.2004.作为文化解释的人类学影视片——人类学影视片发展走向探视.《中南民族大学学报》2004年第2期.

安德明.2004.《重返故园》.广西人民出版社.

巴拉兹，贝拉.1986.《电影美学》.何力译.中国电影出版社.

巴特，罗兰.1989.《叙事作品结构分析导论》，载张寅德编.《叙事学研究导论》.中国社会科学出版社.

巴赞.2008.《电影是什么》.崔君衍译.文化艺术出版社.

本-阿默思.1998.《在承启关系中探求民俗的定义》,《民俗研究》1998年第4期.

伯纳德，希拉·柯伦.2011.《纪录片也要讲故事》.孙红云译.世界图书出版公司.

陈刚.2002.人类学纪录片的历史、现状与展望.《当代电影》2002年03期.

陈刚.2002.人类学纪录片与其本体——"人类学"和"纪录片".《现代传播》2002年03期.

陈汝东.2006.《传播伦理学》.北京大学出版社.

陈学礼.2003.论民族志电影的"真实".《云南社会科学》2003年06期.

阿里洪，丹妮艾尔.1981.《电影语言语法》.陈国铎、黎锡等译.中国电影出版社.

邓启耀.主编.2015.《媒体世界与媒介人类学》.中山大学出版社.

邓启耀.2013a.《视觉人类学导论》.中山大学出版社.

邓启耀.2013b.《我看与他观:在镜像自我与他性间的探问》.清华大学出版社.

董晓萍.2003.《田野民俗志》.北京师范大学出版社.

《国外50部经典纪录片:品味世界百年的光影波动》.电子工业出版社,2012.

韩君倩.2006.纪录电影的叙事策略与风格回望.《电影艺术》2006年第2期

黄凤兰.2004.《中国民俗影视》.中国戏剧出版社.

海德,卡尔.1989.《影视民族学》.田广等、王红译.中央民族学院出版社.

霍金斯,保罗.2007.《影视人类学原理》.王筑生译.云南大学出版社.

江帆.1995.《民俗学田野作业研究》.山东大学出版社.

拉毕格,迈克尔.2005.《纪录片创作完全手册》(第4版).何苏六等译.中国传媒大学出版社.

雷亮中.2002.人类学的影视表现:从保存到展现.《广西民族研究》2002年04期.

李光庆.2011.《影视人类学理论探究》.民族出版社.

李思维、咸彦平.1993.《电视摄像技术》.电子工业出版社.

李曦珍、宋燕、赵征.2011.影视之镜下的人类之像——人类学纪录片在影视媒介中的"视像"呈现.《兰州大学学报》(社会科学版)2011年05期.

廖海波.2007.《影视民俗学》.北京大学出版社.

尼可尔斯,比尔.2007.《纪录片导论》.陈犀禾、刘宇清译.中国电影出版社.

申载春. 2002. 民俗与影视.《青海师专学报》2002年06期.

石屹. 2008. 中国电视纪录片59年发展.《中国影视文化主体性追求与现代性建构：中国高等院校影视学会中国影视高层论坛》第62–67页.

吴保和. 主编. 2013.《世界经典纪录片手册2》. 上海文化出版社.

谢尔曼，莎伦.《记录我们自己：电影、录像和文化》. 2011. 张举文等译. 华中师范大学出版社.

——. 2005. 聚焦：电影与21世纪民俗研究的生存. 游自荧、张举文译.《民间文化论坛》2005年第6期.

熊迅、张举文、孙正国. 2016. 民俗影像的操作化与可能性——中美民俗影像记录田野工作坊三人谈.《民族艺术》2016年第4期.

杨春. 2007. 民俗学田野调查的影视记录方法研究. 山东大学硕士论文.

杨俊蕾. 2006. 真实全景与视觉平等：简论影视人类学中的影像逻辑与伦理问题.《杭州师范学院学报》（社会科学版）2006年03期.

张江华、李德君等. 2000.《影视人类学概论》. 社会科学文献出版社.

张举文. 2005. "民俗影视"与"影视民俗".《民间文化论坛》2005年第6期.

——. 2007. 迈向民俗学的影视与民俗研究.《民俗研究》2007第1期.

——. 2009a. 传统传承中的有效性与生命力.《温州大学学报》2009年第5期.

——. 2009b. 美国华裔散居民民俗研究现状与思考.《文化遗产》2009年第3期.

——. 2011. 影视民俗与中国文化认同. 桑俊译.《温州大学学报》2011年第2期.

——. 2015. 龙信仰与海外华人认同的构建与重建.《文化遗产》2015年第6期.

――. 2016. 美国华裔文化的形成：散居民民俗和身份认同的视角与反思. 惠嘉译.《文化遗产》2016年第4期.

钟大年、雷建军. 2006.《纪录片：影像意义系统》. 北京师范大学出版社.

周文. 主编. 2010.《世界纪录片精品解读》. 中国广播影视出版社.

朱景和. 2002.《纪录片创作》. 中国人民大学出版社.

朱靖江. 编著. 2014.《民族志纪录片创作》. 北京联合出版公司.

Toelken, Barre. 1998. The Yellowman Tapes, 1966–1997. *Journal of American Folklore* 111：381–391.

――. 2004. Beauty Behind Me；Before Me. *Journal of American Folklore* 117：441–445.

Sherman, Sharon. 2008. Who Owns Culture and Who Decides？：Ethics, Film Methodology, and Intangible CulturalHeritage Protection. *Western Folklore* 67（2/3）：223–236.

Oring, Elliott. 2006. Folk or Lore？ The Stake in Dichotomies. *Journal of Folklore Research* 43（3）：205–218.

网络资源：中文的有关民俗学的田野作业论述：http：//wenku.baidu.com/link?url=hU6LmSCiWmTX_UVFcsXuhqcyIV8M4PqgvkaZyYfM2M24EcgEbMzYksFt_qX_G2Vc65NQxGyPlkJLZozZg3e1epaLUDXbWSv8EtOGr0R_QU3

英文的民俗影视作品库：http：//www.folkstreams.net

# 编后记

《民俗影视记录手册》能够得以完成,要感谢工作坊敬业的讲员们和诚挚求学的学员们。尤其要感谢具体操办工作坊的华中师范大学的黄永林教授、陈建宪教授和孙正国教授。他们不仅保证了工作坊的成功,更是为学科的人才培养做出了重要贡献。在工作坊的操作过程中,北京大学高丙中教授和北京师范大学万建中教授在策划工作坊过程中给予了很多有益建议;华中师范大学副校长黄永林对工作坊则全力支持;刘守华老师亲自参与在宜昌的田野记录;周星教授在第二届工作坊期间为学员讲课并参与活动,并专门翻译了《日本民俗学会伦理纲要》。在此对他们表示感谢。当然,为两届工作坊提供大量辅助工作的还有华中师范大学的张静博士和胥志强博士,以及当时的博士生和硕士生高艳芳、甘露、夏楠、莫愁、李娟等,在此也一并感谢。还要特别感谢的是美国民俗学会执行秘书长罗仪德(Tim Lloyd)和美国民俗学会的中方代表中山大学非遗研究中心的陈熙对工作坊的支持和辅助。本《手册》也是张举文和莎伦·谢尔曼合作十多年来的成果之一,在此也感谢他们各自家人的支持。

本《手册》编写的具体分工如下:

陈建宪:第5章;第9章(第2节)。

邓启耀：第8章；第10章。

孙正国：第7章。

王光艳：第1章；第2章（第1、2节）；第4章；第5章；第8章；第9章（第1节）；第10章；第11章；第14章；第15章；第16章；第17章；第22章。

莎伦·谢尔曼：第2章（第5、6节）；第3章（第1节）；第14章；第18章；第23章。

熊迅：第2章（第3、4节）；第3章（第2节）；第13章；第16章；第19章。

张举文：第2章（第5、6节）；第3章（第1节）；第4章；第6章；第7章；第9章；第10章；第14章；第15章；第18章；第20章；第23章；第24章。

每位作者也为其他各章节提供了有益的建议和补充。有些章节为合作完成。张举文负责全书的设计、修改和统稿，以及各篇的核心提示。

张举文　莎伦·谢尔曼
2017年初于美国俄勒冈